JN065724

osanpo
東京23区

ご利益！参道めし

くぼこまき

監修 八木 透（佛教大学歴史学部教授）

WAVE出版

はじめに

はじめまして
くぼこまきと申します
ペコリ

趣味は格安クルーズ旅行とビュッフェ巡りです
1泊
1万円台～
時間制限無しが好き
大食いではなく長時間食べ続ける人
そんな私が

10数年前くらいからでしょうか――

ちょっと疲れた時…迷った時…近くにある神社やお寺を散歩することが増えました
ふぅ
自然と足が向く…

モヤモヤを抱えたままふらっとやってきて…
鳥居をくぐるとなぜか空気が変わり

不思議ともやが消えていく感じがするからです
パチッ
パチッ

気分がグッととのう感じそのものが
「ご利益」っていうのかも…
ザッ
ザッ

何の神様や仏様がいるのかよくわからないままなのですが、
とりあえずお礼の気持ちをこめて…
チャリ…
手を合わせて色々とお願いごとをしてみたり
…
いろいろあるけど…
意外と願いが明文化できない…
そんな私に
気楽に神社やお寺巡りする本を作りませんか？
という提案が
え？私がですか？
WAVE出版編集Nさん
今も相当気楽にお参りしてますけど…
大した宗教観もないし…
こんな感じで…
知ってます
だって、年始は神社かお寺に初詣に行って…
ガラン
ガラン
夏は神社の夏祭りに行って
娘
冬はクリスマス…
墓参りや法事…
しみじみ…
ゴーン
年末はお寺の除夜の鐘…典型的な日本人の宗教観ですよ！

多くの人が年に何度か社寺に行く機会があるってことですよね

日本には八百万(やおよろず)の神がいるといわれてますし、
仏教も様々な宗派がありますよね
全然知識ないですね…
すみません…

もっと気軽に社寺を訪れてくぼさんみたいに気分をパッと変えられるような本を作りたいんです
パッ
パッ
ルンルン♪

願望！ とかしきたり！ とか、参拝の敷居を上げず、もっと気楽に社寺に行くきっかけにできたら！
くぼの考える
願望成就!!
願望成就!!
祈
堅苦しい参拝

例えば…参道で美味しいものを食べる!!
これをメインにしちゃうとか!

そのついでに神社やお寺に参詣して、お腹も心も満たされる…
ふぅ

やる気メーター急上昇!!
え…めっちゃ、楽しそう…!
ぱーっ
MAX
14
13
12
11
10
9
8
7
6
5
4
3
2
1

しかもあちこち歩いて健康にも良くて、
一石何鳥にも楽しい気が…!
ラララ～ン

神社やお寺の空間にいると気分が良くなるのは多くの人が感じるところだけど
気分クリア～
ぱぁぁーーっ

あまり堅苦しくなく、楽しさの切り口がいっぱいあって
コロコロ
ご利益
美味しい
歴史
心がクリア
健康
コロン

楽しく美味しく！ 気分もととのった上に
最後に「ご利益」まで感じられるような
お散歩コースがいっぱいありそう
もしかして、ご利益？
フラ～
滞ってた仕事が
うまくいった…

早速プラン作りで盛り上がる2人
東京23区、全部回ったら楽しいですよね!?
ここの神社の中に美味しそうなカフェがありますよ！
さて2人のゆるーい参道めし散歩がスタートします！

osanpo
東京23区
ご利益!
参道めし

contents

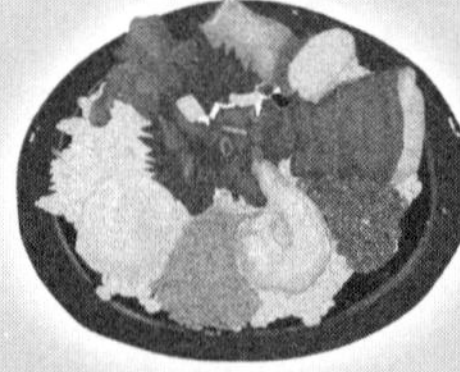

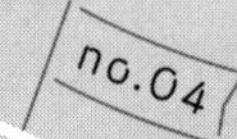
no.04

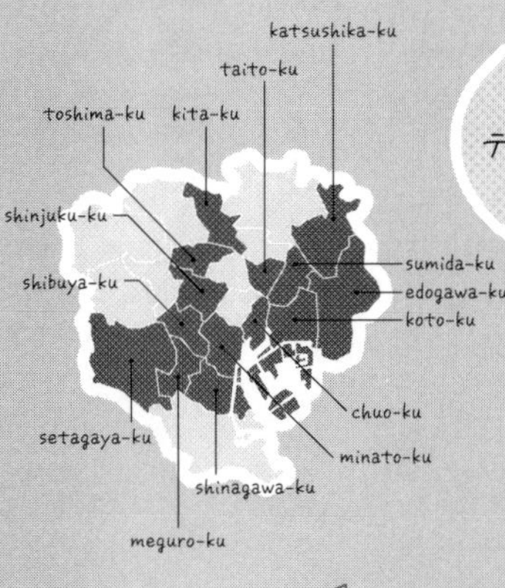
katsushika-ku
taito-ku
toshima-ku
kita-ku
shinjuku-ku
sumida-ku
shibuya-ku
edogawa-ku
koto-ku
chuo-ku
setagaya-ku
minato-ku
shinagawa-ku
meguro-ku

ご飯、お菓子、
テイクアウト、イートイン、
勢揃い

品川区

◆長徳寺　◆品川神社

目黒区

◆目黒不動尊（瀧泉寺）　◆五百羅漢寺

渋谷区

◆明治神宮

P.47

no.05

豊島区

◆鬼子母神　◆とげぬき地蔵尊（高岩寺）

都電荒川線沿線の
ちょっと玄人旅

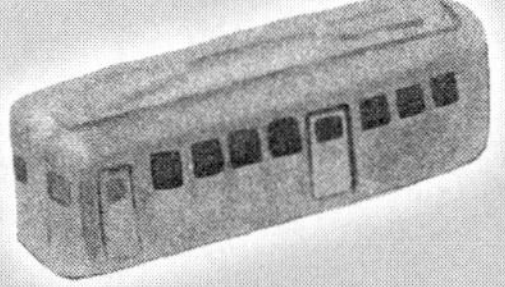

新宿区

◆穴八幡宮

北区

◆王子稲荷神社　◆王子神社

P.63

no.06

墨田区

◆長命寺　◆弘福寺

23区の東側を攻めて
発祥の食を知る

江戸川区

◆新小岩香取神社

葛飾区

◆柴又帝釈天

P.79

osanpo
東京23区
ご利益！
参道めし
contents

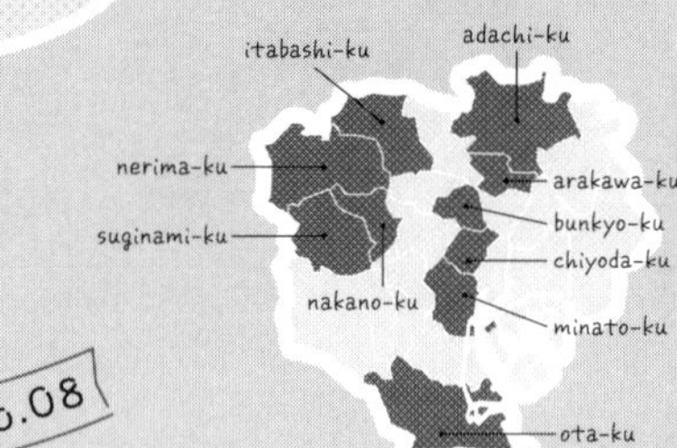
itabashi-ku
adachi-ku
nerima-ku
arakawa-ku
suginami-ku
bunkyo-ku
chiyoda-ku
nakano-ku
minato-ku
ota-ku

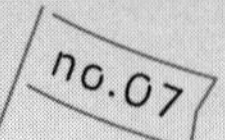
no.07

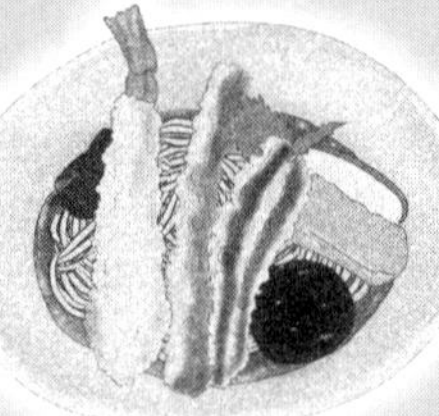

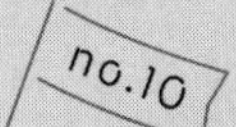
no.10

名前は知っているが
まだ行ったことがない
場所へ

no.11

食べまくるために
お腹をすかせて出陣

column

※本書の内容は取材時（2022年2月～2023年1月）のものです。
変更になっている場合もありますので、ご注意ください。

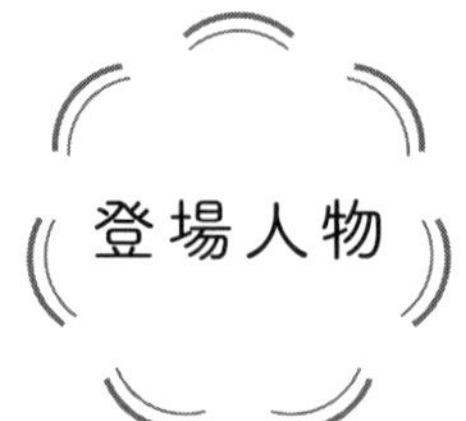

登場人物

編集N

- 編集者
- アラフォー
- ミッフィーマニア
- 性格はミーハー
- 社寺巡りビギナー

くぼこまき

- イラストレーター
- アラフィフ
- 買い物好き
- K-POPにハマっている
- 社寺巡りビギナー

くぼ家

娘

- 小学生
- 食べること大好き

おいしい!!

夫

- 理系
- 甘いもの大好き
- あんこラブ

no.01

中央区

築地本願寺

東京23区を巡る参道めしの旅スタートします！
はじまるよー
初回は中央区の築地から映える参道めしをお届けします！
築地といえば…
集合は朝7時50分
ワイワイ
築地の街も賑やかな中向かったのは…
え?!
でーーん！
築地本願寺
めっちゃ
デカい！
ど、どこで朝食を？
くぼさーん
予約してあるんですけど、並びましょう

予約済みなのに
なぜ並ぶ…？
と思いましたが
？
敷地内の「カフェ tsumugi」では、
予約した人の中で
先着順で窓側の席に
座れるのです
お寺がよく
見えますね！
何に
しようかな～
くぼさん、
今日は一択です！
Nさんには心に決めたメニューが既にあり…
お待たせいたしました
「18品の朝ごはん」です
じゃーーん！
わーっ！ すごい！

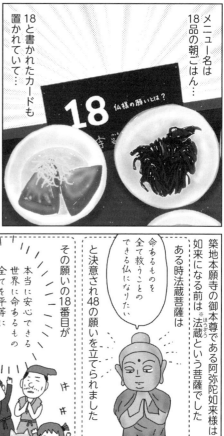

メニュー名は
18品の朝ごはん…
18と書かれたカードも
置かれていて…
18
仏様の願いとは？

なんで18に
こだわるん
だろう？
築地本願寺の
ウェブサイトに詳細が
書いてあったんですけど…

築地本願寺の御本尊である阿弥陀如来様は
如来になる前は※法蔵（ほうぞう）という菩薩でした
ある時法蔵菩薩は
命あるものを全て救うことのできる仏になりたい
と決意され48の願いを立てられました
その願いの18番目が
本当に安心できる世界に命あるもの全てを平等に生まれさせたい
という願いです
そこから長い年月をかけて厳しい修行をされ、
阿弥陀如来となったのでした…

如来
菩薩
明王
天

築地本願寺の宗派である浄土真宗では
この18番目の願いを
阿弥陀如来様の根本の願い＝本願として
大切にしているのです
そうですよー
へー!!
18という数字は
このお寺にとって
とても大切な数字
なのですね…

何だかお食事のありがたみが
更に増し…
ありがたい…
いただきます…
自然と手が
合わさります

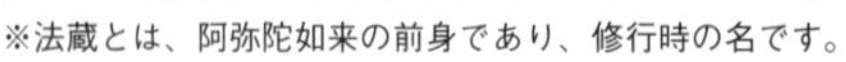
※法蔵とは、阿弥陀如来の前身であり、修行時の名です。

18品もあるとどれが何のメニューかわからなくなってしまうところですがー
ひょいっ
手に取ってみると…
あ！

トレイシートにメニューの名前が書いてある！
築地紀文の
お魚とうふおぼろ揚
Tsukiji Kibun Deep Fried Fish Cake

気が利いてる…
心配りが嬉しいしテンション高まる…！
ふわわ…

少しずつたくさん食べられるのっていいですね
これらはお粥と合わせていただくわけですけど

これがまたつやっつやで…たまらんです…
キラキラッ
つやつや〜

むふー！
し・あ・わ・せ…
お粥にぴったり合うおかずがいっぱいで幸せ…

この玉子焼き、
玉子焼き専門店
「つきぢ松露」のもの
だそうです！
出汁がしっかり
効いてて美味しい！
ぷるっ

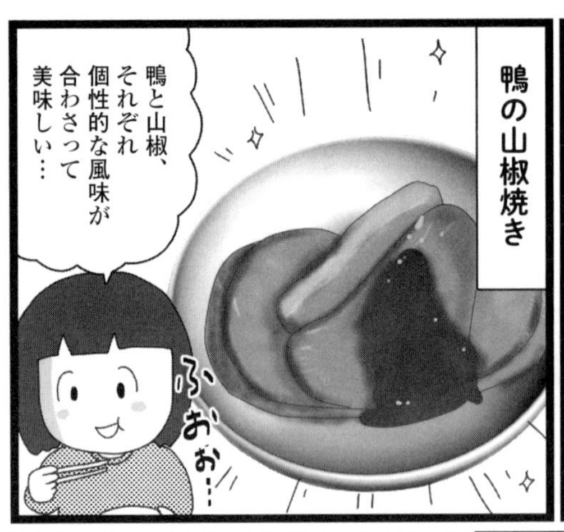
鴨の山椒焼き
鴨と山椒、
それぞれ
個性的な風味が
合わさって
美味しい…
ふぉぉ…

里芋田楽…？
一見豆腐っぽく見えますけど
口に入れると…

ねっとり感が
美味しい…
さらに、
この甘い
味噌の味が
いいですね…
ほわ〜っ
むちゃ
むちゃ

揚げ茄子大豆そぼろ
大豆そぼろが
トマト味！ そして
完全に肉！

最後にオレンジと抹茶ゼリーまで完食し…
ペロリ
パクパク

げふ…
デザート込みで18品ありましたけど、あっという間に食べちゃいましたね
少しずつゆっくり食べられるから満腹感がすごい…
食後にはかぶせ茶をいただき…
まだ1日が始まったばかりだとは思えない充実感とともにお店を後にしました
食事を終えて
ショップもありますよ
お寺のショップ…？
破魔矢とか…？
お守りとか？
え、なんかオシャレなセレクトショップじゃないですか！
OFFICIAL SHOP
かわいいグッズがたくさん！
幅広い商品群ですね
気付いたら色々買っちゃってました
クリアファイル
トリュフチョコ
日本酒入り
トートバッグ
ハハッ
そして順番が違うかもしれませんが
ようやくやってきました…
まぶしい…

※破魔矢とは、縁起物として正月に神社やお寺で授与される矢のことです。

本堂に!
ドーーン
迫力ある…
インド風?って
いうか、
外国の建物って
感じしますね

中も広すぎて
どうしたらいいのか
わからない…
ひろびろ〜
とオロオロしていると…

ぜひ前の方へ!
阿弥陀様のお顔も
近くで
ご覧くださいね
職員の方が声を
かけてくださったので
勇気を出して前の方へ…
ホッ

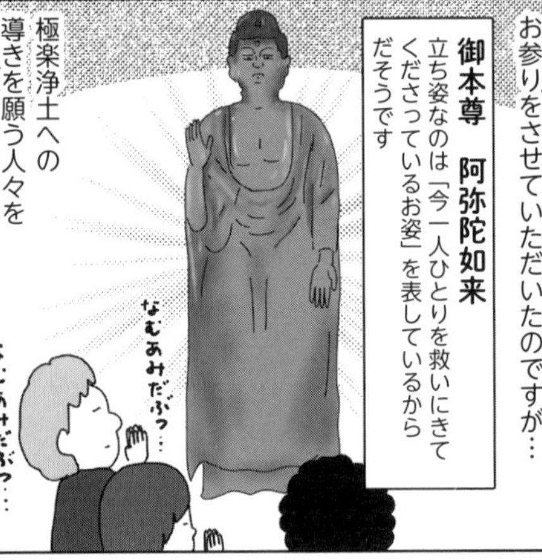
本堂に御安置されている御本尊の元へ行き…
お参りをさせていただいたのですが…
御本尊　阿弥陀如来
立ち姿なのは「今一人ひとりを救いにきて
くださっているお姿」を表しているから
だそうです
極楽浄土への
導きを願う人々を
すぐに救う阿弥陀如来様…
なむあみだぶっ…
なむあみだぶっ…

来世の
心配は
いらないよ…
だから今を
一生懸命
生きてね…
今を一生懸命…
現状の幸せって考えて
ないかも…
目先の欲望がどうしても
気になっちゃいますもんね…

今に感謝する…をしてみよう!…と思い
朝食を美味しくいただけました
ありがとうございました…
ブツブツ
ブツブツ
ブツブツ
隣のNさんは…

えらく長い時間
祈り続けていますが、
現状何かあったの
でしょうか…?
ブツブツブツブツブツ…
ブツブツブツブツ…

参拝を終えて帰路に就こうとしたのですが
まだ11時！1日の半分も過ぎてないのに凄まじい充実感…
心が落ち着く感覚がすごくありますね！
私はこのまま出勤します!!

ドドーン
それにしても朝食の破壊力ときたら…
まだお腹いっぱいです！
ドカン

満腹感に加えてお土産も抱えてハッピーな気持ちで帰宅し…
夜は家族にお福分け！
キャッ
わっ！
さしあげますよ
さあ、どうぞ

わあ！嬉しい！
ほわっ!!
クリアファイルー♪
トリュフチョコ…♡
チョコレートは日本酒が入ってるらしいから大人のおやつかな…

じゃあ…ミーは食べられないから、バッグでいいや
えーと…
バッグでいい、って、この中でバッグが一番高いんですけど?!
クリアファイルは？

でも、パパとママは本願寺さんのものを体に入れられてハッピーじゃん！ミーもハッピーなもの欲しいよ
キリッ
なるほど…！
ハッピー…
幸せを持ち帰って家族に分けるっていいな…現在を大事にするって阿弥陀様もいってたし…と深～く考えたのでした

散歩に最適 総歩数 6411歩!

〈中央区まとめ〉

ついつい足を運びたくなる魅力的なお寺!
カフェ・お食事・学びにヨガまで
様々な人生に寄り添ってくれる場所

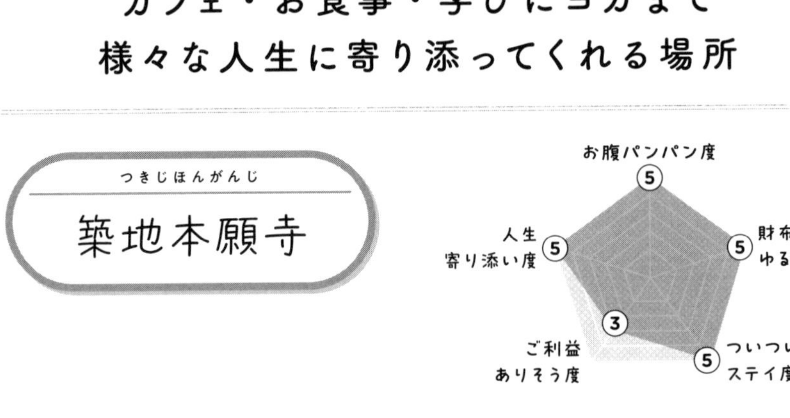

つきじほんがんじ
築地本願寺
お腹パンパン度 5
財布の紐ゆるゆる度 5
ついついステイ度 5
ご利益ありそう度 3
人生寄り添い度 5

築地本願寺 日本酒チョコレート

3粒入り
築地本願寺
日本酒チョコレート
Japanese sake chocolate

低温で5年以上熟成させた
大吟醸酒を使った
トリュフチョコレート

金箔がキラキラ
濃厚なチョコレートに
日本酒の香りが
大人〜なかんじ…
ぽわ〜ん
まとめページでは
マンガに描ききれ
なかったものや
気になったものを
ご紹介します!

no.02

世田谷区

松陰神社

豪徳寺

今回は世田谷区をお散歩します！
事前打ちあわせ中です!!
歩いて行ける近い距離に気になる社寺が2つあるんですよね…
Nメモ

可愛い東急世田谷線に乗って、「松陰神社」で賢くなり、「豪徳寺」で癒される旅！
たのしそ〜
楽しみですね！
と意気込んでいましたが…

当日は朝から豪雨…
ザー
ザー
はじまりは雨〜…
ザー！
ハハッ

賢くなって癒される予定が…
ま〜ま〜！景気付けとして！

「松陰饅頭」を買いましょう！
ザー
ザー
ザー
東急世田谷線松陰神社前駅の前にある「ニコラス精養堂」へ

地元の人気パン屋さんだけあってどれも安くて美味しそう…
どれも美味しそう!!
穂先メンマパン
クリームパン
チョココロネ
げっ?!

ない?
朝10時なのに?
本日の松陰まんじゅう完売です
松陰まんじゅう
空っぽ?!

あ、あの…お、おまんじゅうは…?
あわわ…

あ、今出来立てがきましたよ！

松陰饅頭
松陰神社の近くで大正時代から約100年間作り続けている逸品
中身は卵黄たっぷりの白あん
松陰
"松陰"の焼印入り
松陰
松陰
やった〜！
買えて良かった！
松陰あんぱんも買いました!! こちらも白あん

そして気付けば…
饅頭に加えてパンもしこたま…
ミートゥー
ひとりぐらしなのに…
パンでパンパンです…
ズッシリ

肉の染谷
そして雨の中を神社へ向かう途中に…

肉の染谷
揚げたてに誘われて…
「松陰コロッケ」？
ちょっと食べてみましょうか⁉

外サクサク、中しっとり〜
ジャガイモの皮もちょっと入ってるのがいい！揚げたてのサクサク感がたまりません！

小腹を満たし、ようやく松陰神社へ到着
雨のせいか人が全くいなくて静かですね…

松陰神社とは
松陰神社は幕末に
長州藩の
松下村塾で
多くの志士を
育てた吉田松陰を
祀った神社です
神社内に松陰像も
あります
1830－1859
伊藤博文
日本初の
総理大臣に
就任しました
２度の首相経験あり
明治から大正にかけての
大政治家に・・・
高杉晋作
奇兵隊を創設
倒幕を目指したが
志半ばで29歳にて
死去
山縣有朋
久坂玄瑞、高杉晋作、山縣有朋、伊藤博文など
多くの門下生は明治維新の立役者として
活躍した人材ばかり
かしこい・・・
松陰先生は
幼少時から
兵学の教育を受け、
10歳で藩の学校の
教壇に立った
そうです
ほぉ～～～
吉田松陰
ものがたり
そして11歳で藩主の御前で
兵学講義をしたとか
兵
ほう
ほう
じゅ、11歳で？
ギャー
うちの娘と
同じ歳…
今生きている
人の中でも
神として
祀られる人が
いるかも…
後の世で人に
拝まれる
ようになるなんて
よほどの人ですよね
こまき神社
とか？
いや、
N神社の方が！
ないわー…
ちーん
雨のせいか人気が全くないので
静かにゆっくりと祈ります
・・・・・・・
・・・・・・・
ブツブツ
ブツブツ
ブツブツ・・・

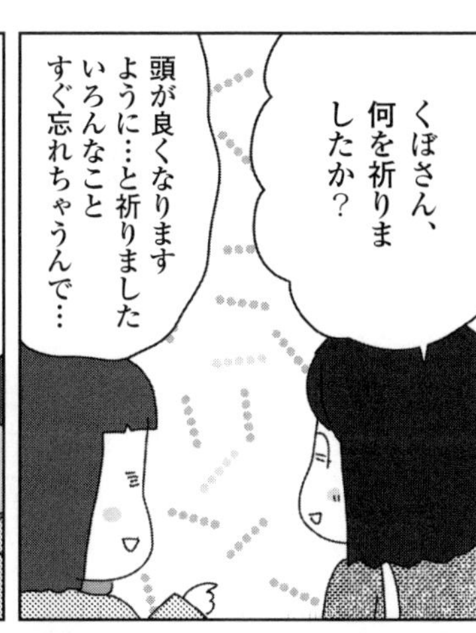
くぼさん、何を祈りましたか？
頭が良くなりますように…と祈りました
いろんなことすぐ忘れちゃうんで…

賢くなるために本を読んでも目や肩が痛くなるし
それは加齢では…
そーですか…っっ

境内には松陰先生のお墓もあります
先生はどちら？
あ、あれですかね？

柵で囲われた横並びのお墓グループ！
センターは当然松陰先生のお墓
すごく慕われていたのですね…！
周囲はお弟子さんのお墓ですね…

30歳の若さで多くの志士を育て、獄死した松陰先生…
30歳の時って何してました？
アラフォー
ホールケーキを一人で食べることに挑戦しました…
アラフィフ

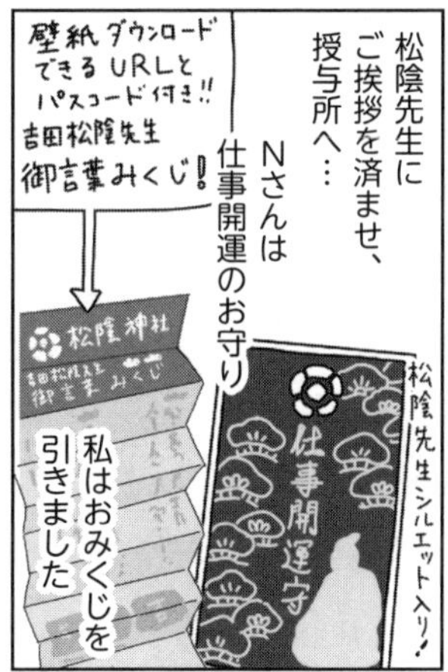
松陰先生にご挨拶を済ませ、授与所へ…
Nさんは仕事開運のお守り
私はおみくじを引きました
松陰先生シルエット入り！
仕事開運守
壁紙ダウンロードできるURLとパスコード付き!!
吉田松陰先生御言葉みくじ！
松陰神社

学問は学んだことを世の為人の為に使うことに意義があるのです…
おみくじからもありがたいお言葉をいただき…
しみる〜…

神社を後にしてすぐ近くのお蕎麦屋さんでかき揚げ蕎麦をいただきました
ズズーッ

食後、松陰神社前駅に向かう途中
くぼさん、ここです！
せんべい？
松﨑煎餅

しょーいん君三味胴
瓦煎餅で有名な「松﨑煎餅」のオリジナル瓦煎餅！
「しょーいん君」は松陰神社商店街のゆるキャラです

11歳でお殿様に講義をした松陰先生の賢さにあやかり
娘のお土産にして食べさせねば…
ハハッ
既にお土産でパンパン…

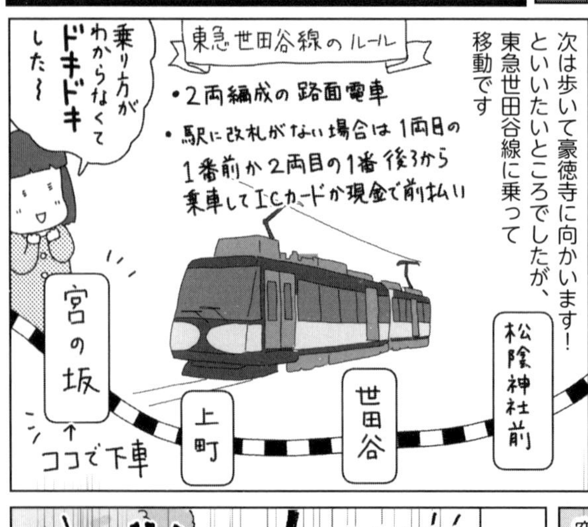
次は歩いて豪徳寺に向かいます！といいたいところでしたが、東急世田谷線に乗って移動です
東急世田谷線のルール
・2両編成の路面電車
・駅に改札がない場合は1両目の1番前か2両目の1番後ろから乗車してICカードか現金で前払い
乗り方がわからなくてドキドキした～
松陰神社前
世田谷
上町
宮の坂
ココで下車

宮の坂駅を下車し、住宅街を歩いていくと
突如、こんもりとした森が？
こんもり

豪徳寺
お寺の山門は神社の鳥居と一緒
山門の前で一礼して俗世から仏様の世界にお邪魔します…
でんっ！
わぁー！
都心にこんな広大な土地が！

豪徳寺は
彦根藩主井伊家の
江戸における
菩提寺として
有名なお寺です
博学…
ほうほう
Nメモ

御本尊は
釈迦牟尼仏様
なのですが…
なんと、豪徳寺は
金運に
ご利益が
あるそう
なんです！
キラーン
やった！

豪徳寺金運アップの由来
彦根藩主井伊直孝が
この地を通りかかった時
お寺の門前にいた猫に
手招きされて
立ち寄ることに
しました
ニャ～
ニャ～
すると突然の雷雨
ゴロゴロ…
ザーザー
ラッキー！
雨宿りできた！
雷雨を避けることができた直孝は
感謝の気持ちを込めて
豪徳寺を支援し、
再興しました

その後豪徳寺は福を招いた猫を
招福猫児
と呼び、お祀りするようになったそうです

招き猫をお祀りする「招福殿」は
ちょうど改修中でしたが
わっ！
猫児密すぎ
カワイイけどっ

そして裏手にも
おびただしい数の
招き猫たちが!
ザーー
ザーー

たくさんの猫ちゃんたちがいるけど…
1つ1つにそれぞれの願いが
込められているのだろうなぁ…

それにしても、
猫の愛らしさには
参りますよね…
なぜか幸せな
気持ちになる場所ですね…!

豪徳寺は彦根藩主井伊家の
江戸における菩提寺なので…
江戸で
亡くなった
藩主や家族が
ここに眠って
いるそうです
彦根藩主井伊家墓所
井伊殿が
眠るマップまで!

井伊家の皆様に
ご挨拶を済ませ
最後に井伊直弼の墓へ
桜田門外の変で
暗殺されたのが44歳…
私たちと
同年代ですね…

安政の大獄で吉田松陰先生が
刑死されましたが、
その弾圧を行なったのが
井伊直弼さん…
今はご近所で
眠っているの
ですね…

そして本堂に向かいました
その前に！何に対して手を合わせるのかを知らなきゃ！ です
豪徳寺は曹洞宗のお寺なんですよね
Nメモ
Nメモのコピー

曹洞宗というと坐禅を実践することで心身をととのえる、というのが
知られていますが…
ドキドキ
しーん…

坐禅でなくても、日常の生活の中でも禅を取り入れるのだそうです
例えば顔を洗う時に使う水の1滴にも仏様が宿っていると捉えて丁寧に暮らすことが大切と説いています

本堂にお祀りされている仏様
御本尊は釈迦牟尼仏様ですが、他にもたくさんの仏像がお祀りされています

寺の中心地「本堂」で祀られているのは…

地蔵菩薩
お地蔵様と呼ばれる仏様
苦悩している人を救います
万能形

文殊菩薩
知恵を司る仏様
「三人寄れば文殊の知恵」で有名
学業成就のご利益
学業成就

聖観音
人々を常に見守り、救いを求める声が聞こえればすぐに救済する
開運など
お助け系

普賢菩薩
全てにわたって賢く、救いを求める人のもとにすぐに現れる行動力のある仏様
女性守護
実行力あり

雨一粒にも仏様が宿っているそう考えると今日みたいな雨模様な日もありがたく感じますね
たしかに…

そして何も考えていませんでしたね…仏様のこと…
今まで何も考えずに手を合わせてました…

お参りの後は授与品を求めます
まずはおみくじを引いて…
三方の上におみくじが積んである
"吉"でした!!

ハッ
←おみくじ

招福猫児たち!
ここで買えるんだ!
結構な大きさ
7号 2300円
尺 5000円
8号 3500円
3号 800円
2号 500円

願いを書いて奉納してもいいし
連れて帰ってもいいそうです
ふおおおお
がわえええええ
ニャ〜

こ、この豆サイズたまらない…
ほわわ…
1.5cm
豆 300円

結局3体の招福猫児をお迎え
あまりのカワイさにノックアウト…
人を招いて縁をもたらすニャン♪
3号 800円
2号 500円
豆 300円

豪徳寺を後にして、絶対寄りたいお店に伺います!
まほろ堂蒼月
ここです!「まほろ堂蒼月」さん

「まねきねこどら」を買いましょう!
皮をバターで焼いていて香ばしさとふんわりした食感がGood!!
可愛い!豪徳寺ならではのお土産!
ちょうど手のひらにおさまるくらいの大きさ!

最後は豪徳寺駅近くにある
和食器専門店
「うつわのわ田」さんへ
こぢんまりした
可愛いお店…

あった!
お目当ては
招き猫箸置き!

右手をあげている
ものは商売繁盛
左手をあげている
ものは人を招く
という意味が
夫
私
娘

箸置きも無事に購入し
長かった1日が終了
豪徳寺駅
Gotokuji station
お疲れ様
でした
ずっしり

家に帰って…
今日のお福分けだよ~
わあっ!
可愛い~!
ネコちゃん
かわいい!!
どっさり

テーブルいっぱいのお土産…
数日間は楽しめそうな予感がします
パリ
パリ
どらやき、ふんわり
してて美味しい~

しかし…
うーん

あれだけあったお土産が翌日
ほとんどなくなっていて…
しょーいん君の瓦煎餅が
2枚しかない…
家族の「福」の吸引力の凄まじさに衝撃を
受けたのでした…

\ちょっと頑張った/
総歩数
15308歩!

＜世田谷区まとめ＞

こぢんまりした街並みに地元の名店ぞろいで
お散歩も楽しいエリア!
豪徳寺は近辺まで猫だらけで
ついつい財布の紐が緩みまくり

しょういんじんじゃ
松陰神社
おみくじの結果
吉

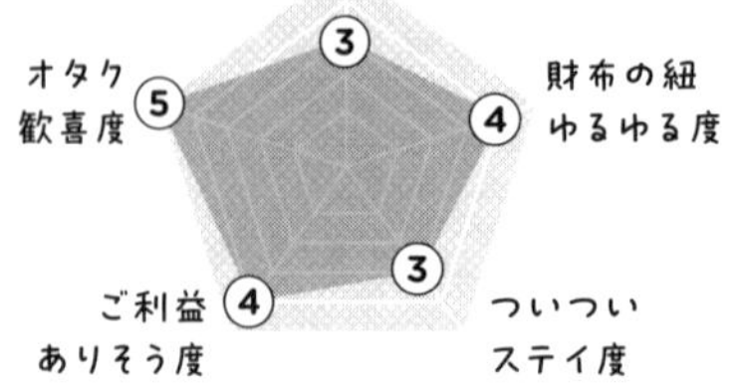
お腹パンパン度 3
財布の紐ゆるゆる度 4
ついついステイ度 3
ご利益ありそう度 4
オタク歓喜度 5

ニコラス精養堂の
鴨きゅうりサンド

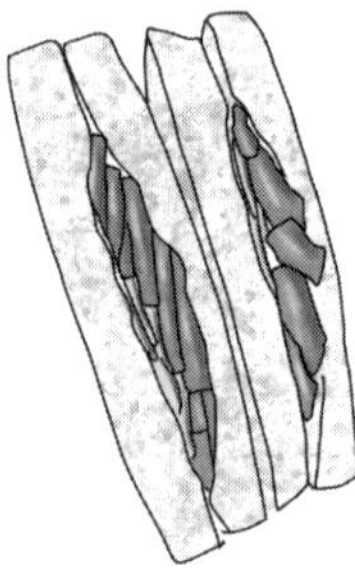

鴨肉の香りが
口の中に広がって
とても美味しい!
初めて食べる新鮮な
味わいに手が
止まりませんでした

招福猫児「尺」

豪徳寺で購入できる
招福猫児で最大サイズの
「尺」は約30cm!

実際に見るとかなり
大きいので小ぶりの
ものを買いましたが
すごくかわいかったです

カワイイ…

ごうとくじ
豪徳寺
おみくじの結果
吉

お腹パンパン度 3
財布の紐ゆるゆる度 5
ついついステイ度 4
ご利益ありそう度 4
猫にデレデレ度 5

no.03

江東区　港区　台東区

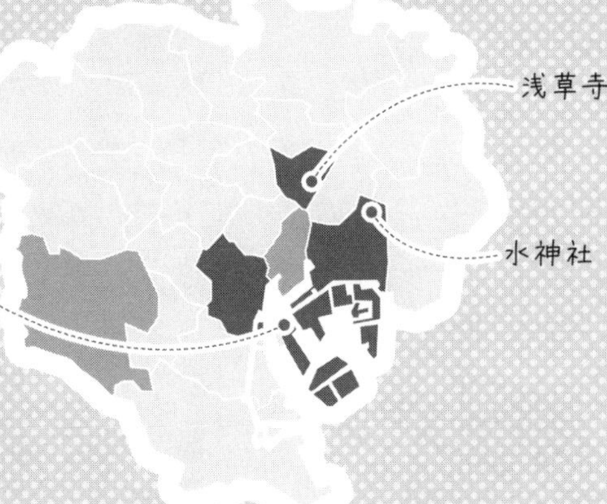
浅草寺
アクアシティ
お台場神社
水神社

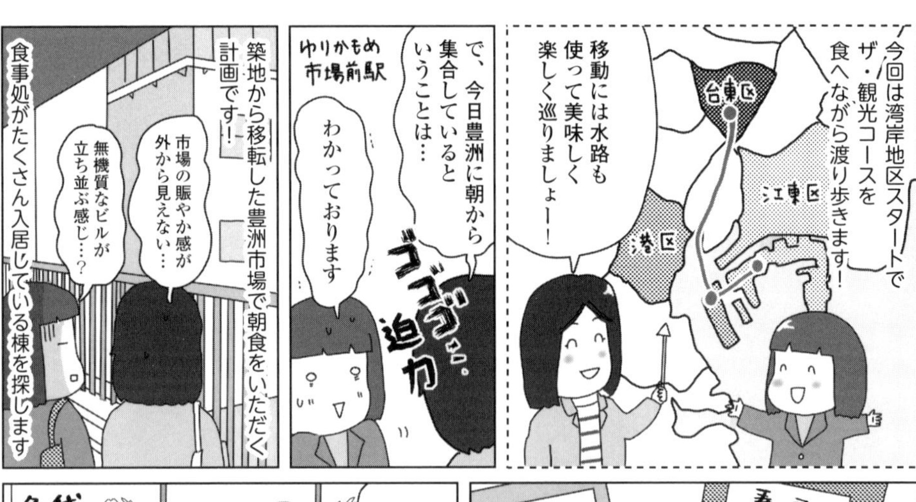
今回は湾岸地区スタートで
ザ・観光コースを
食べながら渡り歩きます！
台東区
江東区
港区
移動には水路も
使って美味しく
楽しく巡りましょー！
ゆりかもめ
市場前駅
で、今日豊洲に朝から
集合しているということは…
わかっております
ゴゴゴ…
迫力
築地から移転した豊洲市場で朝食をいただく計画です！
市場の賑やか感が
外から見えない…
無機質なビルが
立ち並ぶ感じ…？
食事処がたくさん入居している棟を探します

お目当ての棟にたどり着いたものの…
洋食
寿司
い、いろんな
ジャンルの
お店があって
選べない！
親子丼

名代
海鮮丼
市場飯
仲家
NAKAYA
TSUKIJI UOGASHI
こ、ここに
しましょう
悩みに悩んで海鮮丼を
いただくことにしました

豊洲市場の食事処は仕事を終えた関係者たちも
食事をするので一般の人お断りのお店も
あるのですが、こちらの「仲家」さんも一般客と
関係者のエリアを分けて営業していました
一般のお客様
市場関係者
いいのかな…

市場
関係者
朝食の時間のピークを過ぎていたので
関係者席に案内していただくことができ…
こちらの席、
使ってくださいねー
そして念願の海鮮丼をオーダー！

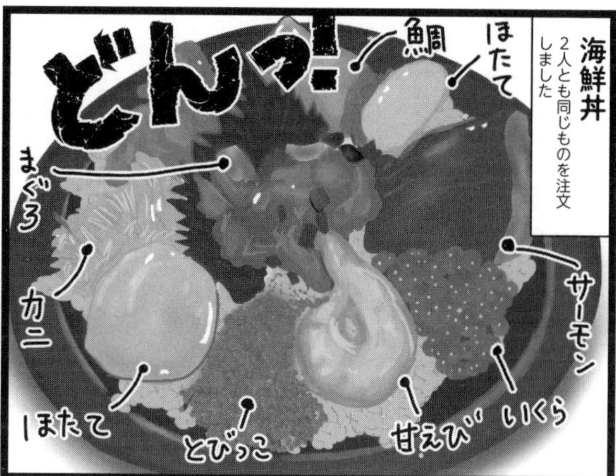
海鮮丼
2人とも同じものを注文しました
どんっ!
鯛
ほたて
まぐろ
サーモン
カニ
ほたて
とびっこ
甘えび
いくら

どう見ても
美味いやつ!
ふぉぉ…
ぱーっ
ぷる
ぷる

本当に…
新鮮…
美味しい…
ほわわわ…

10分後
あら…
丼が空ですね…
マジック?!
消えた…?
急いだつもりはなかったのですが一瞬で完食…

で…なぜ「参道めし」なのに豊洲市場にいるのか?
よく聞いてくださいました!
この豊洲市場の中に神社があるのです!
その名は…
市場内に?
?

水神社

市場関係者のみが入れる場所にありますが、一般の人も参拝したい旨を警備の方に話すと行くことができます
あちらですよ

水神社に到着
わー
キレイ！

水神
水神…

この水神社は本殿が神田明神にあるんですけど、魚市場の守護神として※遥拝所を市場に作っているんです
神田明神
遠隔参拝…みたいな感じなのかな？
願
祈
豊洲から神田明神へ
ほうほう
豊洲
HERE!
Nメモ

築地市場で大漁祈願や海上安全、子孫繁栄を祈願されてきた市場の水神社
神田明神
繁栄…
12-34
昔から市場の皆さんが心の拠り所にしてきた場所なんだろうなあ

主神の弥都波能売命は、イザナミが火之迦具土神を産んだ時に大火傷を負い、苦しみながら死ぬ間際に出した排泄物から産まれた神で…
ギャー
排せつ物を出しながら亡くなる…
オギャー
イザナミ
火之迦具土神
私は母のイザナミの尿から産まれて水を司る神になったんです…
弥都波能売命
便とおう吐物から産まれた兄弟もいます…
け、結構凄まじい生い立ちなんですね…
昔の人々の自然への畏怖の想いが伝わるような…

※遥拝所とは、遠く離れたところから神仏を拝むために設けられた場所です。

一般の人が来ない神社だから
とても小さいけど…
綺麗にととのっている様子から関係者に
大切に守られている場所なんだなと実感…

手水舎で清めてから…
センサー式

美味しい海鮮丼を
いただきました…
これからますます
市場が発展します
ように…
と感謝を伝え、豊洲を後にしました

次はゆりかもめに乗って
台場駅に移動します
ゆりかもめ
新橋から豊洲を結ぶ
無人運転の新交通システム
お台場など湾岸エリアを
巡ります

AQUA CiTY
ODAIBA
向かうはアクアシティお台場
ここでちょっと
立ち寄り散歩
しましょう!
ザ・お台場!!
な場所ですね〜
え…
ショッピングセンター
ですよね…?

エスカレーター
乗りましょ

最上階に向かう先に
は?
何か見える?
よく見てください

でんっ
ひー!
なんとエスカレーターの
降り口に鳥居が!

つーことは、このエスカレーターが参道？
鳥居をくぐる時もマナーを守って屋上スペースへすると…

ばーーーん！
背後にフジテレビ本社を控えた「アクアシティお台場神社」が！
すごい組み合わせ！

わあっ！

ここは港区の「芝大神宮」から御神霊を分けてもらっている神社なんですって！
へー！
Nメモ

芝大神宮は関東のお伊勢様とも呼ばれる大きな神社…
芝大神宮は伊勢神社の主神「天照大神（あまてらすおおかみ）」と「豊受大神（とようけおおかみ）」をお祀りしているから…
伊勢神宮
豊受大神
天照大神
芝大神宮
関東からお祀り!!

お台場にも伊勢神宮が来てる感じ…？
そう思うと何か嬉しいですね

お台場地域の人々だけではなく、観光で訪れる人々の心の安らぎの場所として建立されたアクアシティお台場神社
ありがとうございます…楽しく参拝させていただいています…

そして次の目的地浅草に向かうのですが打ち合わせをした時に
Nさん、浅草寺には船を使って行ってみませんか？
と提案してみると
クルーズの著作あり
クルーズ、ハマりました！
それいいですね！
ノリの良いNさん、お台場から水上バスに乗って浅草に向かうスケジュールを立ててくれました

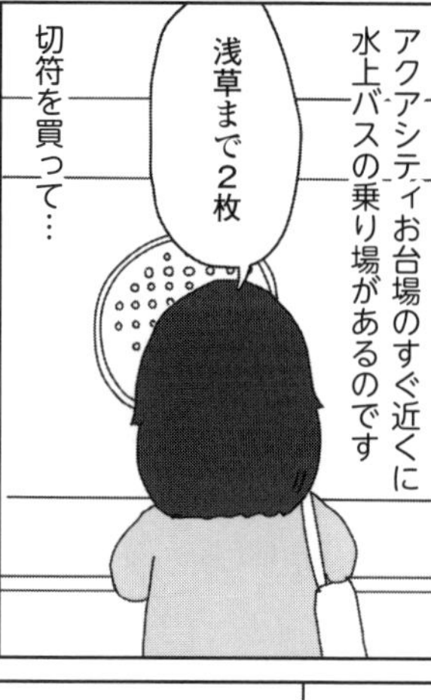
アクアシティお台場のすぐ近くに水上バスの乗り場があるのです
浅草まで2枚
切符を買って…

乗船時間までランチしようと思っていましたが
朝の海鮮丼が…
まだずっしりと…
胃を満たしまくっていたので…

カフェで軽くお茶をしたのですが
やっぱ、人形焼はマストかな？
芋系のおやつもいいですよ
食べ物の話ばかり

さて時間になったので船乗り場に移動です！
カッコいい！
アガる〜！
東京水上バス ホタルナ号
有名漫画家デザインの宇宙船をイメージしたシルバーメタリックの流線形ボディが特徴的

船内は広々としています！
窓が大きくとってあって明るい！
ひろびろ〜
わぁー！

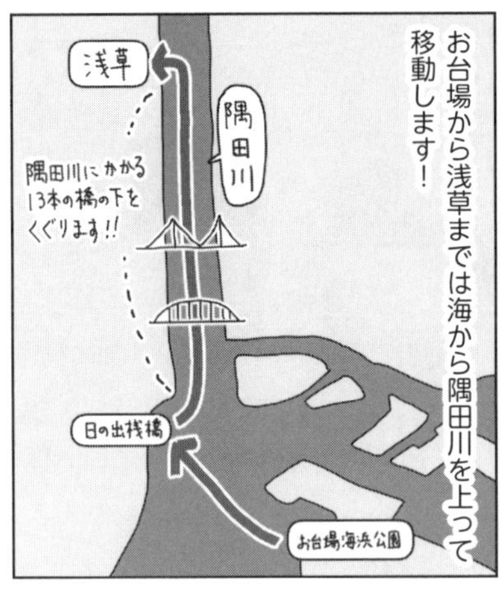
お台場から浅草までは海から隅田川を上って移動します！
浅草
隅田川
隅田川にかかる13本の橋の下をくぐります!!
日の出桟橋
お台場海浜公園

窓際に陣取り
変わりゆく景色を眺めながら約1時間移動します
あ、国技館

水上バスの中では
銀河を旅するキャラクターによるアナウンスも楽しいです
すごいきれいだね！まるで宇宙まで飛んでいけそうだよ！
リアルタイムで見てた人
実はよく知らない人
Around 50
Around 40

終点、浅草に到着してホタルナから下船
すごくいい旅でした〜

浅草のシンボル！「浅草寺」に向かいます
浅草寺の総門
雷門
ドーン
わくわく♡

東京を代表する観光名所だけあり、多くの人々で賑わっています
わい
わい

しかしながら、雷門は浅草寺の総門、神社の鳥居に値するので
門の端から一礼して入りましょう…
あ、ちょっと待ってください！

ちょうちんを下から見てください
？
？

あ、龍！
更に龍の持っている玉を見てください

この玉は如意宝珠（にょいほうじゅ）といって何でも願いを叶えるといわれているんです
コレ

願いが叶うと聞いてすかさず写真を撮る雑念だらけの2人…
カシャ
カシャ
カシャ
願
欲
願
欲
願

浅草寺に詳しいですね？
実は浅草寺の観音様を義母が信仰していて頻繁に連れてきてもらってるんです…
年に何回も来ます…
ハハハ…

雷門をくぐると…
仲見世
仲見世
ワイ
ワイ
ワイ
ワイ
わ〜〜
仲見世通り!

ここまでテンション高くいた我々ですが…
浅草名物
何か急に空腹が襲ってきたような…
朝食の海鮮丼から何も食べてないですもんね…
そんなところに人だかりを発見!

浅草九重
仲見世
あげまんじゅう!
1つ食べていきましょうか?

わー、メニュー多いな…
お決まりでしたら
どーぞ〜♪
たくさんあって迷う〜
散々迷って選んだのは…

浅草九重のあげまんじゅう
Nさんはもんじゃ
私はチーズもんじゃ
まんじゅうに衣をつけ、3種類の高級油をブレンドした油でカラッと揚げています

2人ともランチを食べていなかったのでおかず系のあげまんじゅうをチョイス
青のりと生姜が効いてて美味しい…
ソース味〜♪
サクッ
もんじゃにチーズが加わってコクがある!
サクッ
衣がサクッとしていて冷めても美味しかったです♪

あげまんじゅうを食べ終わり…
さあ、本堂に向かいましょう！
塩分チャージで元気出ますね！
意気揚々と歩き始めたのですが、
元気いっぱい〜
元気

人形焼
創業百余年 元祖
木村家本店
仲見世通りの最後にある人形焼のお店に吸い寄せられてしまいました…
やっぱ…デザート食べましょ
アグリー…
Uターン！

木村家本店の人形焼
こしあん入りとあんなしがあり浅草名物で有名！
雷様
五重塔
ちょうちん
鳩
私のお気に入り♡
一段ずつかじるのが楽しいです!!
江戸時代に人形町で作られたのが発祥といわれており、大正時代に職人が人形町から浅草に移って雷門や五重塔など名所をかたどった人形焼を作って「名所焼」として売り出したといわれています…

小ぶりだから一口で食べられちゃう…
こしあんはやさし〜い味ですね！
あむあむ
むしゃむしゃ
ペロリとデザートを食べてから…

仁王が左右で守る宝蔵門を通過して…
人形焼にもなってる五重塔が見えますね！

本堂前に到着です！
でーーーん
大きい！
本堂に行く前にまずお線香をあげましょう！

すぐ横の授香所で200円の線香を求め…
授 香 所

常香炉に線香をあげ、立ち登る煙を浴び、身を清めます

本堂に入り、お賽銭箱の前で沢山の人がお参りをしているのですが…
あっちに行きましょう
え？

ご祈祷などをしていない時だったら、本堂の内陣に上がってお参りができるのです
御本尊の聖観世音菩薩様は秘仏のため見られませんが、御本尊が納められている御宮殿の前まで行くことができるのです

御宮殿の前でお参りをする際、後ろを振り返ると…真後ろに外の賽銭箱があり沢山の参拝者たちがこちらに向かってお参りしています
ドキドキ
落ちつかない…
少し恐縮してしまいますね…

御本尊 聖観世音菩薩

観世音菩薩は様々な災いや悩みから人々を解放してくれ、現世での利益を与えてくれる仏様なので昔から人々の絶大な信頼を集めています

「菩薩」というのは「如来」を目指して修行をしつつ、人々を救い続ける仏候補生です

現世利益を叶えてくださるお優しい観世音菩薩様…
先日申し込んだライブのチケットが当たりますように…
限定のミッフィーグッズが手に入りますように…
とついついリアルなお願いを…
ミッフィーマニア
結果1勝1敗でした

帰り道、本堂でじっくりお参りしたせいか
何か一口食べたくなりました…
あっ！あれ食べませんか？
ちょっとだけ…
ぐ〜〜

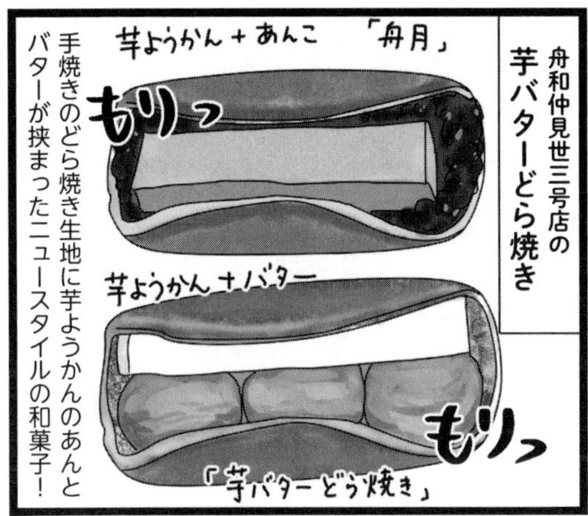
舟和仲見世三号店の
芋バターどら焼き
「舟月」
芋ようかん＋あんこ
もりっ
芋ようかん＋バター
もりっ
「芋バターどら焼き」
手焼きのどら焼き生地に芋ようかんのあんとバターが挟まったニュースタイルの和菓子！

お店脇のスタンドスペースで食べることができます
パクパク
芋ようかん大好き…
あむっ
結構ずっしりしていたのですが、2人ともペロリと完食…
バターの塩気があいますね…!!

亀
十
最後に浅草駅近くの和菓子屋「亀十」さんの行列に並び、浅草名物「どら焼き」をお土産に買って解散しました
さっきどら焼き食べたばっかりなのに！
誘惑に弱い私たち！

自宅に帰って早速亀十のどら焼きのお福分けをしたのですがー
白あん・黒あんあり
ふわっふわの生地！
おいしい!!

しばらく経ってー
あれ…私、1つしか食べてないな…
黒あん、白あんを3つずつ買ったんだけどな…
1人2コのはず…？

この後、取り調べが始まるのでした
どっちかが3つ食べてるな…
今まで食べたどら焼きの中で一番美味しい！
犯人でした

意外に少ない!?
総歩数
11666歩!

〈 江東区・港区・台東区まとめ 〉

水路を使って新しいお散歩スタイル！豊洲の海鮮丼に東京の観光名所浅草まで、盛りだくさん

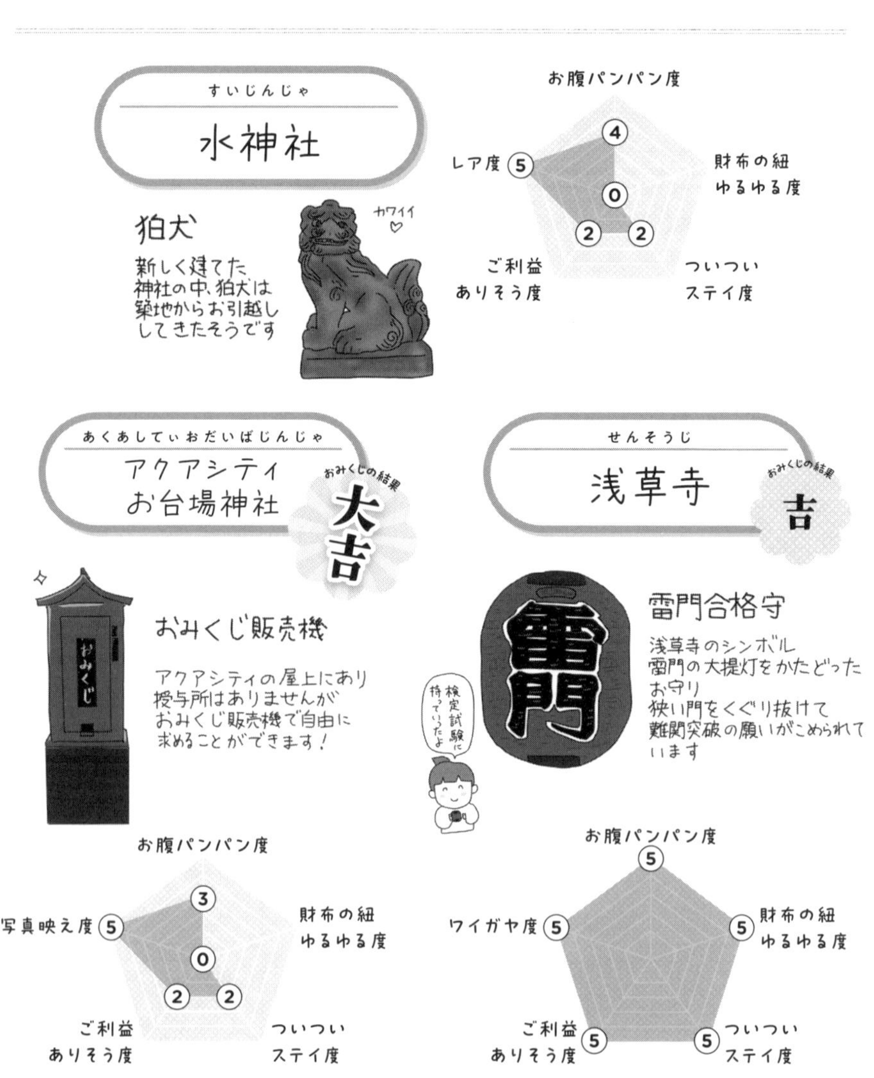

すいじんじゃ
水神社
狛犬
新しく建てた神社の中、狛犬は築地からお引越ししてきたそうです
カワイイ
お腹パンパン度 4
財布の紐ゆるゆる度 0
ついついステイ度 2
ご利益ありそう度 2
レア度 5
あくあしてぃおだいばじんじゃ
アクアシティお台場神社
おみくじの結果
大吉
おみくじ販売機
アクアシティの屋上にあり授与所はありませんがおみくじ販売機で自由に求めることができます！
おみくじ
お腹パンパン度 3
財布の紐ゆるゆる度 0
ついついステイ度 2
ご利益ありそう度 2
写真映え度 5
せんそうじ
浅草寺
おみくじの結果
吉
雷門合格守
浅草寺のシンボル雷門の大提灯をかたどったお守り
狭い門をくぐり抜けて難関突破の願いがこめられています
検定試験に持っていったよ
雷門
お腹パンパン度 5
財布の紐ゆるゆる度 5
ついついステイ度 5
ご利益ありそう度 5
ワイガヤ度 5

no.04

渋谷区 目黒区 品川区

明治神宮
五百羅漢寺
目黒不動尊
（瀧泉寺）
品川神社
長徳寺

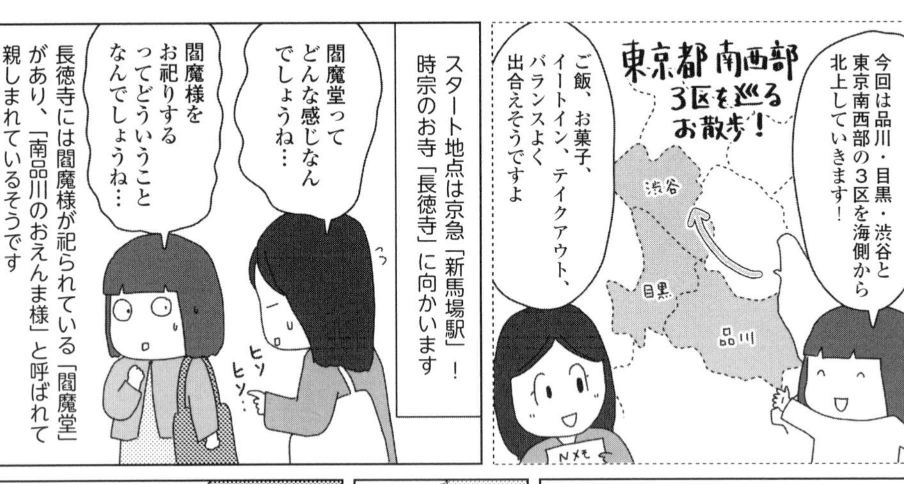
今回は品川・目黒・渋谷と東京南西部の３区を海側から北上していきます！
東京都南西部3区を巡るお散歩！
渋谷
目黒
品川
ご飯、お菓子、イートイン、テイクアウト、バランスよく出合えそうですよ
スタート地点は京急「新馬場駅」！時宗のお寺「長徳寺」に向かいます
闇魔堂ってどんな感じなんでしょうね…
闇魔様をお祀りするってどういうことなんでしょうね…
長徳寺には閻魔様が祀られている「閻魔堂」があり、「南品川のおえんま様」と呼ばれて親しまれているそうです

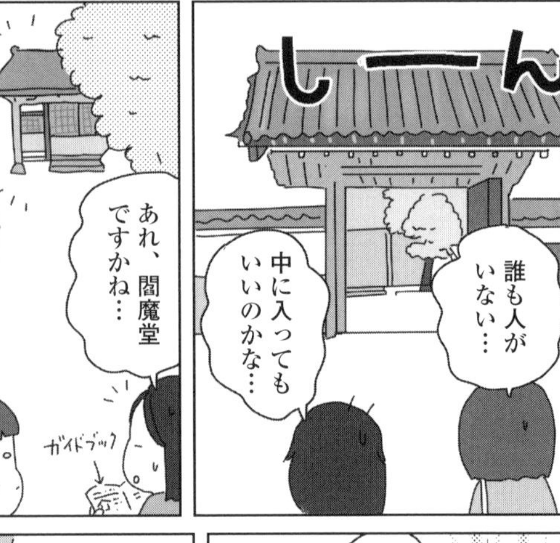
しばらく歩いて長徳寺に着いたものの…
しーん
誰も人がいない…
中に入ってもいいのかな…
あれ、閻魔堂ですかね…
ガイドブック

完全に閉まってますよね！
実はお堂を開ける日は予め決まっているそうです
知らなかった…
お寺の方に伺ってみましょうか？

お寺の方に閻魔堂について聞いてみると
後光が見える〜
中をご覧になりますか？
といっていただき…
閻魔堂の中を見ることができました

ど――ん
閻魔王坐像が中央に鎮座しています
どうぞご覧になってくださいね
す、すごいオーラ…！

壁には地獄を描いた絵が五面飾られています
結構、リアル…
昔の人たちの死生観が伝わるような…

地獄絵図の中には自分に似た人が必ずいるといわれているんですよ
え?!

色々と自分に見えてくる…!
ギャー
ワー
ワー
ギャー
ヒイイ!
煮たり焼かれたり…

いつかお目にかかった際はどうぞお許しください…!
先に懺悔します…!
閻魔様はお優しい方ですから、若い女性の方々がいらしてくださってきっと喜んでいらっしゃると思いますよ

若い…!
女性…!

慌ててお詫びを…
閻魔様、若くありませんが今喜んでしまいました…申し訳ありません
私は更に若くありませんが、すごく浮かれてしまいました…!

閻魔様は、地獄で救いの手を差し伸べてくれる地蔵菩薩の化身といわれています
地蔵菩薩
人々に現世での利益だけではなく過ちを犯させないようにするため、閻魔として厳しい顔を見せているともいわれています
化身
コラー!

本当は地蔵菩薩様だってことは、閻魔様って実は優しいのにわざと厳しくするツンデレ要素ありだったり？
地獄に落とすぞ!!
コニフ
いや、「ツン」が地獄での苦行ですから…
ツンデレみたいな…？
ないない
キュン…

お寺の方にお礼を申し上げて、長徳寺を後にし…

お寺のすぐ近くにある和菓子屋「遠州家」さんに立ち寄ります
名物の「閻魔いなり」を買いましょう！

遠州家の閻魔いなり
長徳寺の閻魔堂にちなんで作られたいなり寿司。一味唐辛子を出汁に混ぜて油揚げに染み込ませている上に、ご飯にも一味唐辛子と白ごまを混ぜて甘さとピリッとした辛みを同時に感じる逸品です
おだしがしみしみ〜

閻魔いなりをたくさん購入し、今日の夕食は決定
閻魔様を思いながら食べよーっと！
遠州家

その後、長徳寺から歩いてすぐの場所にある「品川神社」に立ち寄ってみました
すごく大きな神社ですね…
あれ？　鳥居に龍が巻きついてる？

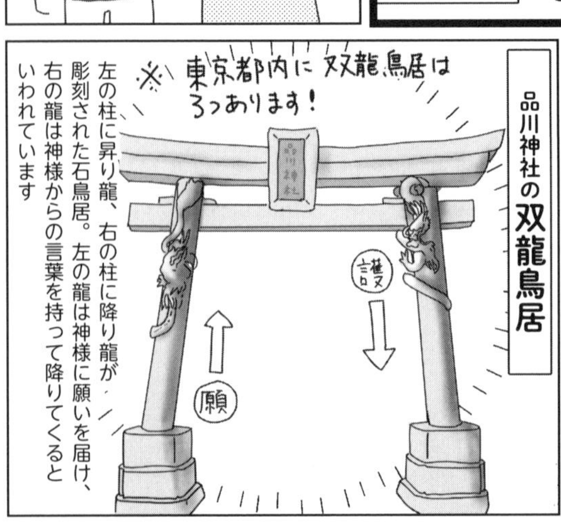
品川神社の双龍鳥居
左の柱に昇り龍、右の柱に降り龍が彫刻された石鳥居。左の龍は神様に願いを届け、右の龍は神様からの言葉を持って降りてくるといわれています
※東京都内に双龍鳥居は3つあります！
願
護

双龍鳥居の下をくぐると…
急で、長い階段が！
これ登るの…？
え…

高いところにある神社仏閣に通じる坂道のうち、傾斜が急な方の階段や坂を「男坂」と呼び緩やかな傾斜の方を「女坂」と呼びます
女坂
男坂

今回は時間も短く本殿に到着できる男坂に挑戦！
ハァ
ハァ
ハァ
さ、さっき…閻魔堂でお若い女性っていわれたし…！
実はちょっと嬉しかった

頂上まで登り切ると
ゼイゼイ
ハァハァ

本殿エリアに到着！
クリアー
ふわーっ!!
清い…！空間が澄んでる
やっぱり敬う対象って高いところに置かれるのかしら…？

品川神社は源頼朝公が安房国（千葉県）洲崎神社から天比理乃咩命を迎えて海上交通安全と祈願成就を祈られたのが起源です
品川の地もお守りいただけませんか？
ラジャー
いつもありがとうございます
品川は初めてよ♡
Nメモ

なんと、徳川家康公が関ヶ原の戦いの戦勝祈願を品川神社でされたそうです
どうか東軍を勝たせて下さい…
OK!!
すごいご利益…
Nメモ

頼朝公・家康公といった歴史上の人物がこの神社のご利益を証明しているような気がして
真剣
ブツブツ
ブツブツ
本殿参拝もいつになく真剣な我々…

ミーハーな私は頼朝・家康と同じ地に立って祈っているような気がしてテンションも高まり…

その後、本殿隣にある幾重にもつながる鳥居をくぐり…
鳥居をくぐるたびに神聖な場所に近づいている気がしますね

阿那稲荷神社上社
天の恵みの霊をお祀りしており、「上社」と呼ばれています
更に鳥居をくぐって下に降りていくと阿那稲荷神社の「下社」があります
メモ

下社は「地の恵みの霊」と「御神水」をお祀りしていて…
有名な「一粒萬倍の泉」があります

阿那稲荷神社下社
一粒萬倍の泉
家門・家業の繁栄を祈り、籠に印鑑や銭を入れてこの水ですすぐと良いといわれています

というわけで2人ともせっせと銭洗い…
綺麗にすすいだお金の一部は品川神社近隣の土地で使うと吉だそうです
地元に還元するいい神様!!
早速おみくじを求めました!

品川神社には富士信仰に基づいて富士山を模した「富士塚」があります
昔の人々は富士塚に登って富士山を礼拝していたそうです
今は街がよく見えますね

高いところにある神社は帰るまで気が抜けません
富士塚も下山は厳しく…

行きに登った男坂は急だったけど
当然降りる時も角度が急で…
ひぃぃっ!!

登ったり降りたりする時、常に頭を下げているので
常に
礼
自然と神社を敬う姿勢になっているような…

品川神社を後にして、次は「目黒不動尊」へ
目黒駅から行くと徒歩20分かかるんですよね…
不動前からも15分かかりますけどね…
ちょっとでも時間の短い方を選択してしまう体力不足の我々…

ドーン
ぶらぶらと15分歩いて目黒不動尊に到着！
山門から威厳がありますね
門をくぐる前からオーラを感じる…！

一礼してから山門をくぐると「独鈷の滝」と呼ばれる泉がありますが、ここに有名な「水かけ不動明王」がいらっしゃいます
我々の身代わりで独鈷の滝の源泉に打たれてくださり、不動明王との縁を繋いでくれるといわれています
おさいせん

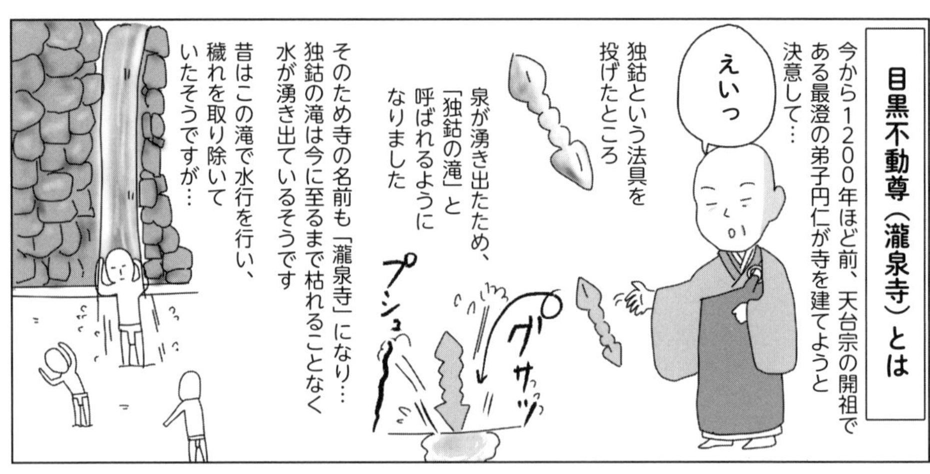
目黒不動尊（瀧泉寺）とは
今から1200年ほど前、天台宗の開祖である最澄の弟子円仁が寺を建てようと決意して…
えいっ
独鈷という法具を投げたところ
グサッ
プシュ〜
泉が湧き出たため、「独鈷の滝」と呼ばれるようになりました
そのため寺の名前も「瀧泉寺」になり…独鈷の滝は今に至るまで枯れることなく水が湧き出ているそうです
昔はこの滝で水行を行い、穢れを取り除いていたそうですが…

今は水かけ不動明王様が代わりに水を浴びてくださるのでありがたい…
いいなー
じゃんじゃんかけなさい
パシャッ
ぬくぬく

水かけ不動明王様って見た目怖いけど、悪と全力で戦ってくださるんですね…
弁髪 伸びた髪をまとめている
人々を救うための縄
火焔光 悪と煩悩を焼きつくす
剣 悪や災いを切る!!
目 右目は全開 左目は半目で天と地全てを見張る!
強めのファッションも素敵…

水かけ不動明王様をお参りした後は本堂に向かうため
女坂と迷ったけど頑張って男坂を登ります!
えんま堂の余韻
若い女性だから!
筋肉痛になりそう〜
階段でのぼる!!

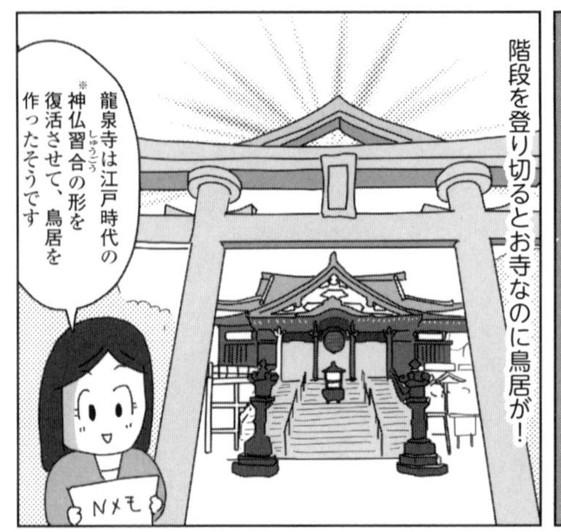
階段を登り切るとお寺なのに鳥居が!
龍泉寺は江戸時代の※神仏習合（しゅうごう）の形を復活させて、鳥居を作ったそうです
Nメモ

※神仏習合とは、神道と仏教を融合し、一つの信仰体系とする宗教現象のことです。

本堂には秘仏の不動明王様がいらっしゃるので、
災
スパッ
悪
参拝の際に悪いものや災いを切り捨てていただけるようお願いします

本堂の裏には慈悲を象徴する「胎蔵界大日如来様」が
不動明王は大日如来の化身とされているので、本堂の後ろにいらっしゃるのも納得…

本堂左手にある愛染明王も有名です
ブツブツ
この台座の周りを回ると良縁に恵まれるとかで…Nさんが回りはじめました
真剣に回りはじめる
Nさん
愛染明王
Good…!!

他にもたくさんの仏様がいらっしゃるお寺なので
七福神おみくじ
身代り御守
足腰のお守り
えとのお守り
えびすだるまの中におみくじ入り
ハハハッ…
お守りをこんなにいただきました…

見どころが多くて目黒不動尊でかなりの時間を過ごしてしまったので
次の「五百羅漢寺」に行く前にランチをしましょう！
やったー！
ぐ～
目黒不動尊から五百羅漢寺まではすぐ近くなので立ち寄りやすいのです

らかん茶屋
五百羅漢寺には「らかん茶屋」というレストランがあります！
お寺は階段を登った先にあるんですね！

らかん茶屋名物の「らかん膳」というメニューを頼みたかったのですが
売り切れました〜
すみません…
ええっ!
メニュー

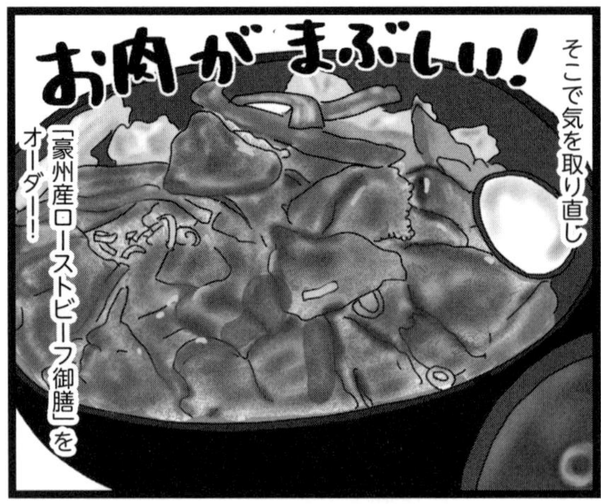
お肉がまぶしい!
そこで気を取り直し「豪州産ローストビーフ御膳」をオーダー!

口いっぱいの肉を噛み締めた時の多幸感がいいですね
お肉がぎっしり入ってますね

らかん茶屋で食事をした人に五百羅漢寺の拝観無料チケットを頂けるキャンペーンをやっていたので無料で入場できました

拝観順路の最初にあるのが「羅漢堂」146体の羅漢像が並んでいます
ズラーーッ
圧巻…!
一人ひとり表情や姿勢が違いますね…

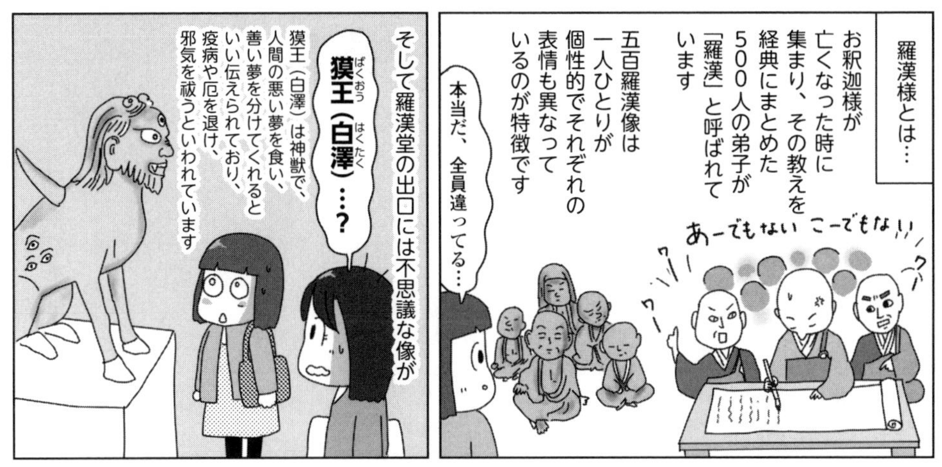
羅漢様とは…
お釈迦様が亡くなった時に集まり、その教えを経典にまとめた500人の弟子が「羅漢」と呼ばれています
あーでもない こーでもない
五百羅漢像は一人ひとりが個性的でそれぞれの表情も異なっているのが特徴です
本当だ、全員違ってる…
そして羅漢堂の出口には不思議な像が
獏王（白澤）…？
獏王（白澤）は神獣で、人間の悪い夢を食い、善い夢を分けてくれるといい伝えられており、疫病や厄を退け、邪気を祓うといわれています

その後本堂や阿弥陀堂にも参拝しました
建物が近代的！

本堂
御本尊の釈迦如来様と大勢の羅漢様…
ここにもこんなにたくさん…
拝観料が必要な理由もわかりますね…

帰り際にちょっと珍しい「獏王みくじ」を引きました！
結ぶと獏王の姿になる！
中吉でした
五百羅漢寺
木製ミニ獏王フェイス守り付き
300円だけどおトク感あります！
獏王の顔！

お寺を後にして目黒駅に向かい
坂がキツい！
ゼイ
ゼイ
ハァ
ハァ

目黒駅前にある和菓子屋「玉川屋」さんへ
着いた〜

玉川屋の目黒仁王餅
ぷるんっ!
つぶあんをわらび餅で包んできな粉をかけてある
玉川屋の三代目ご主人が目黒不動尊の仁王の目をモチーフに考案
仁王様の目…
ドキドキ…
た、大切にいただきましょう

そして山手線で原宿駅まで移動して…
日本一の神社「明治神宮」にやって来ました!
巨大な鳥居がお出迎えですが…その前に
レッツゴー!
CAFÉ 杜のテラス
一の鳥居の脇にある明治記念館直営のカフェ
CAFE 杜のテラス
ちょっと休憩しましょう

2人とも同じメニューをオーダー!

明治神宮参拝記念
明治の山茶ラテ

甘すぎないホイップクリーム
茶葉がパラッ!
古代農法製天然山番茶「明治の山茶」を使った優しい味わいのラテ
CAFÉ 杜のテラス MORINO TERRACE
ほろ苦いラテ

ふわ～っ!ほどける～…
ほろ苦い番茶のラテはさっぱりとした味わい…ホイップクリームのほんのりとした甘さとコクが加わってとっても美味しい…
疲れた体にぐいぐい沁み込みますね

明治神宮とは
明治神宮は明治天皇と昭憲皇太后をお祀りした神社です
初詣の参拝者数日本一を誇ります
お二人が崩御された後、国民から御神霊をお祀りしたいとの要望が沸き上がり創建されました
明治天皇
昭憲皇太后

人工林であることが信じられないほどの立派な杜を歩いているだけで不思議と気持ちも清らかになっていく気がします
人が神様になるってすごいですよね…
こんなに多くの人が来るんですもんね…
あまりに広大で…本殿に到着するまでにかなりの時間を要します

ゆっくり歩いたので15分ほどで本殿に到着
次はもっと時間をたっぷり取りましょ！
アグリー…
参拝を済ませたところで閉門時間を迎えてしまったのでここで解散しました

家に帰って、閻魔いなりをいただきました
ん！ 甘さの中にちょっとピリッとした辛味が入って美味しい！
ふわわーっ
ご飯に混ぜてある白ごまのプチプチ食感もクセになる～

仁王餅もプルプルしてすごく美味しいよ！ 甘すぎないからパクパク食べちゃう…ん？
あれ、パルリは閻魔いなりも仁王餅も食べないの？
おいしいよ?!

閻魔様の…食べて大丈夫なの…？
じごくと関係ある？
仁王餅も仁王様の目玉だと思うと…食べていいのかな…
プルプルしてるし…
今日一番の収穫
大丈夫！ 閻魔様は若い女性が好きらしいから！
仁王さまも多分大丈夫!!
思わぬ説得を要したのでした

いい調子…
総歩数
16775歩！

<品川区・目黒区・渋谷区まとめ>

閻魔様に好かれ（？）、貴重な鳥居を見て、不動明王や数百体を超える羅漢像、最後に初詣参拝者日本一の神社！ご利益もたくさん得られたかも

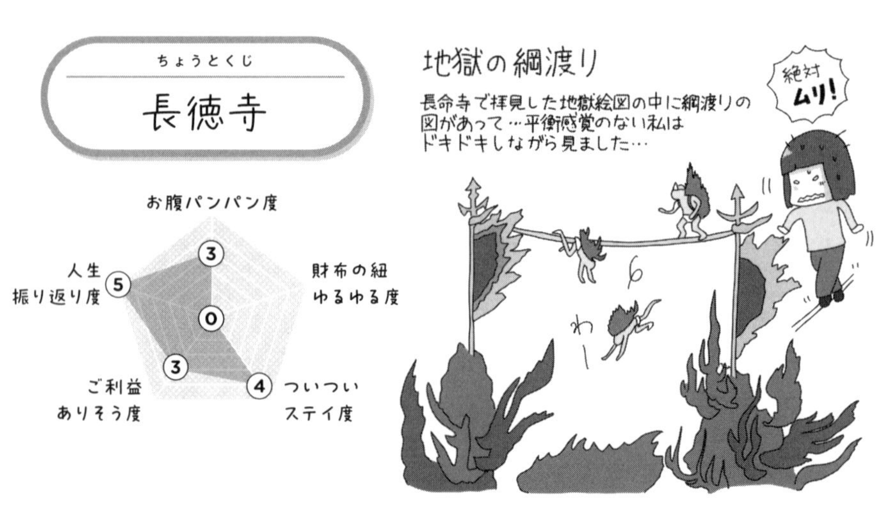

ちょうとくじ
長徳寺
お腹パンパン度 3
財布の紐ゆるゆる度 0
ついついステイ度 4
ご利益ありそう度 3
人生振り返り度 5
地獄の綱渡り
長命寺で拝見した地獄絵図の中に綱渡りの図があって…平衡感覚のない私はドキドキしながら見ました…
絶対ムリ！
わー

しながわじんじゃ
品川神社
おみくじの結果
末吉
お腹パンパン度 1
財布の紐ゆるゆる度 2
ついついステイ度 3
ご利益ありそう度 3
レア鳥居度 5
御守
ぶじかえる
富士山に濁点がついて「ぶじ」に！
ぶじかえる御守
無事に「帰る」と「カエル」をかけた楽しいデザイン
品川神社に富士塚があるので「無事」と「富士」もかかっています！

ごひゃくらかんじ

五百羅漢寺

おみくじの結果 中吉

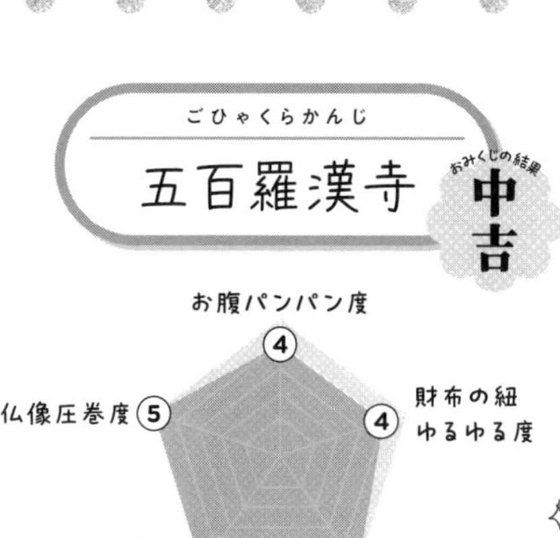

お腹パンパン度 4
財布の紐ゆるゆる度 4
ついついステイ度 5
ご利益ありそう度 5
仏像圧巻度 5

羅漢守

インパクト大!

お釈迦様の一人息子
「羅怙羅尊者」が描かれています
両手で胸を開いて全ての人の心に
仏心がある事を示しています

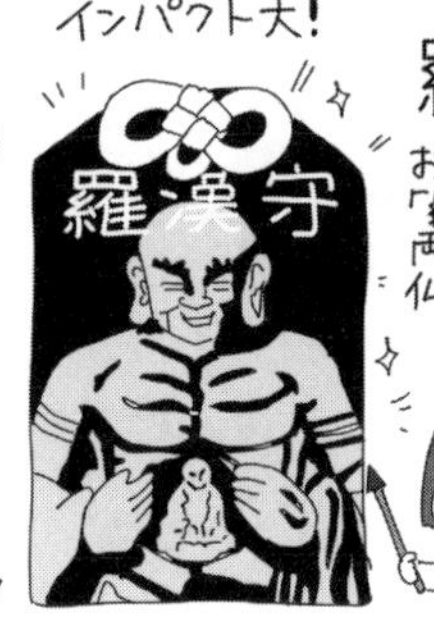

羅漢守

金色の糸で刺しゅうされているのでキラッキラ!!
体内を開いてみせちゃうのにもびっくり!

玉川屋のバターどら焼

青えんどう豆をこしたうぐいすあんに
空豆を煮た富貴豆を入れた自家製あんと
北海道産のホイップバターを挟んだどら焼き

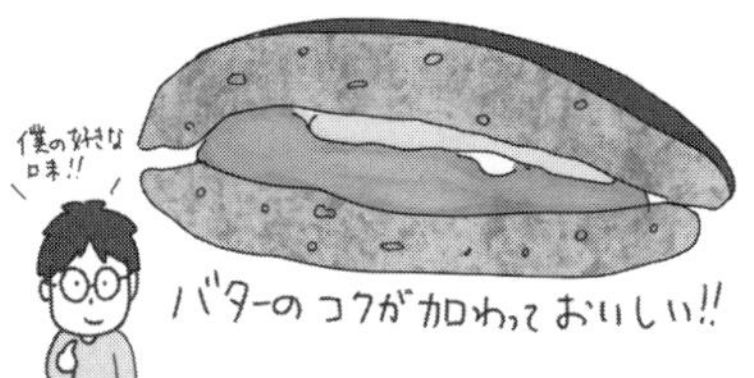

僕の好きな味!!
バターのコクが加わっておいしい!!

めぐろふどうそん(りゅうせんじ)

目黒不動尊
(瀧泉寺)

おみくじの結果 大吉

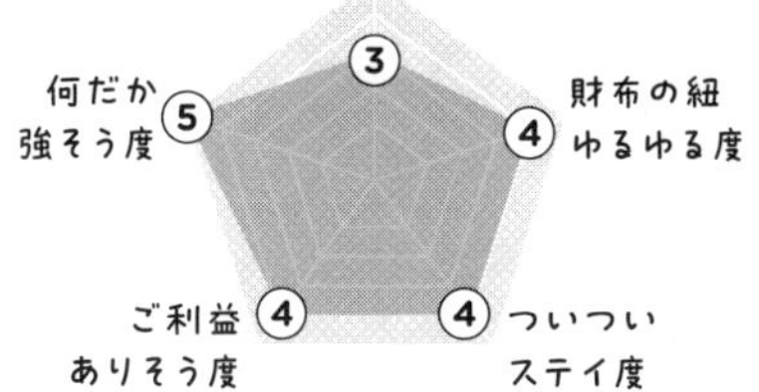

お腹パンパン度 3
財布の紐ゆるゆる度 4
ついついステイ度 4
ご利益ありそう度 4
何だか強そう度 5

めいじじんぐう

明治神宮

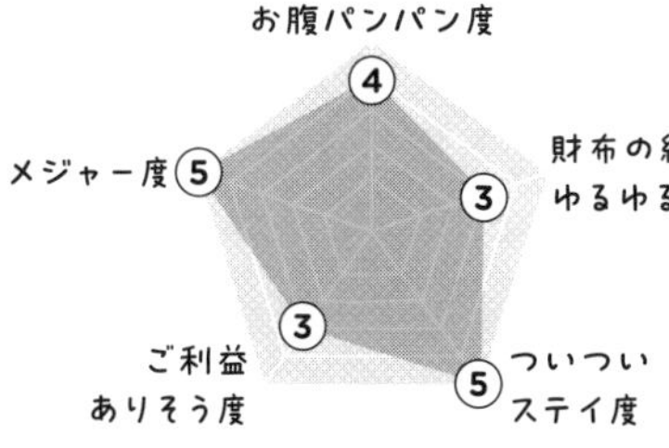

お腹パンパン度 4
財布の紐ゆるゆる度 3
ついついステイ度 5
ご利益ありそう度 3
メジャー度 5

明治の山茶ティーバッグ

明治神宮のカフェで
飲んだ明治の山茶ラテ
(P58参照)がものすごく
美味しかったのでお土産に
ティーバッグを購入!

香ばしい後味に
ハマりました!

明治の山茶
Meiji no yamacha
TEA BAG

参拝の基本ルール

	神社	寺
入口	鳥居の前で一礼をした後真ん中ではなく端から入ります 参道の中央は神様の通り道なので端を歩きましょう	山門の前で一礼敷居をふまずまたいで入ります 神社同様に真ん中を通らず端を歩くようにします

手水舎

手水舎で参拝に向かう前に身を清めます

①右手でひしゃくを持ち水をすくって左手を洗う

②ひしゃくを左手に持ちかえて右手を洗う

③ひしゃくを右手に持ちかえて左手に水を注ぎ口をゆすぐ→残った水で左手をすすぐ

④ひしゃくを立てて柄の部分を洗う

参拝

500
100

お賽銭 ＋ 鈴があれば鳴らす

神社	寺
①2礼　2回おじぎをします	①合掌　手を合わせてお参りする
②2拍手　2回手をたたきます	②1礼　1回礼をします
③1礼　最後に1回おじぎをします	

お寺では手をたたきません

※社寺によっては独自のルールがある場合もあります。

no.05

豊島区 新宿区 北区

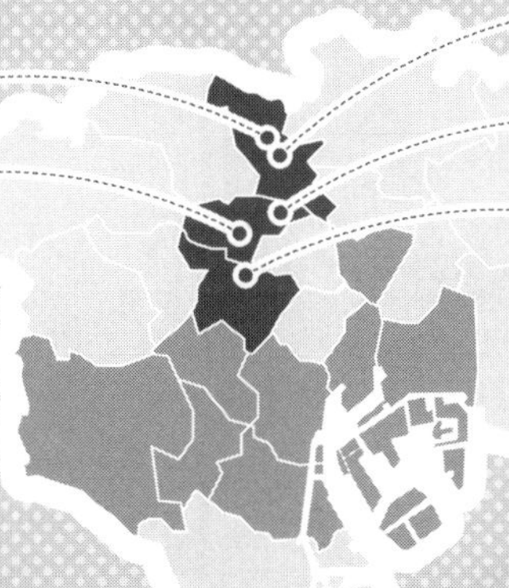
王子神社
王子稲荷神社
とげぬき地蔵尊
（高岩寺）
鬼子母神
穴八幡宮

今回は可愛い都電に乗りながら豊島区・新宿区・北区を横断して楽しみたいと思います！
東京で現存する唯一の路面電車
王子駅前
都電荒川線
鬼子母神前
早稲田
ちょっと玄人好みの参道めしとなるかもしれません！
旅のスタートは雑司ヶ谷駅！「鬼子母神」に向かいます
今日は歩きますよ～！
おー！
意気揚々と歩き始めたのですが…

鬼子母神には向かわずに
ときわ木
最初に「ときわ木」さんで子育てもなかを買います！

ときわ木の子育てもなか
鬼子母神
子育て
病気の母親の薬を買えなかった娘が鬼子母神に祈ると、夢の中で「ススキでみみずくを作ってそれを売るように」というお告げを受け、その通りにしたところ飛ぶように売れて薬を買えた…という昔話からみみずくを表面に浮き彫りにして作った最中
つぶあんがぎっしり!!

鬼子母神に向かいながら1個ずつ食べてしまいました
ふわ～！粒あんがたっぷりだ！
最中の部分が軽くて口溶けがすごくいいですね！
甘さがしつこくなくて、小豆の美味しさがしっかり出てる美味しい最中…！
※個人的にかなり気に入った和菓子です
鬼子母神に向かう途中にもみみずくを発見…
この地域でみみずくは子育ての守り神として長く存在し続けているんですね…
ほんとだ

鬼子母神堂に到着
緑に囲まれてて…公園みたいなのどかな雰囲気がありますね

鬼子母神って…鬼と母という字がミスマッチな感じですよね…
鬼子母神
それが本当に「鬼」並に恐ろしい女性だったらしいんですよ…

元々はインドの訶梨帝母と呼ばれる夜叉で多くの子どもを産みましたが性格が凶暴で近隣の子どもをとって食べていたそうです
うまいうまい
ワハハ…
ワー
ワー

そこでお釈迦様が末の子どもを隠してしまうと訶梨帝母は激しく嘆き悲しみました
お釈迦様に子を無くす悲しみを教えられた訶梨帝母は今までの過ちを悟り…
これはアカンやつ…
ひぃぃぃっ
どこなの?!
お釈迦様に帰依して安産・子育ての神となったのでした
反省しました…
ヒイッ!
更生の仕方がハンパないですね…

そんな鬼子母神様に子どもの健やかな成長と子育てをやり遂げる応援をいただけるよう祈りました
元気ですごせますように…
OK…!
わかりました…
私も先々よろしくお願いします…

授与品に「すすきみみずく」発見!箱入り親子みみずくを記念に求めさせていただきました
娘のお部屋に飾って、みみずくに守っていただこう!

鬼子母神を後にして早稲田に向かうのですが…
今日はこれを使って移動します！

都電一日乗車券
都電荒川線が400円（大人）で
1日乗り放題になるカードです

じゃーん

1 Toei Day Pass

そして、都電に乗る前には都営交通のアプリを入れるといいですよ

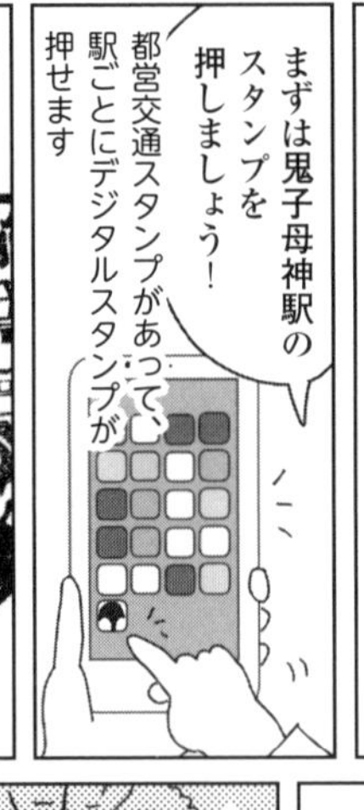
まずは鬼子母神駅のスタンプを押しましょう！
都営交通スタンプがあって、駅ごとにデジタルスタンプが押せます

駅に掲出されているQRコードを読み取るとアプリの画面にスタンプが押されます
駅ごとにデザインが違う
都電 荒川線 鬼子
Kishibojim
鬼子母神堂
本当だ！
楽しい～！しかも可愛い！
♪～

そして都電荒川線に乗車！早稲田駅に向かいます
早稲田駅からは少し歩いて「穴八幡宮」に向かうのですが…

穴八幡宮
実は私の母校の目の前にあるんですけど在学中一度も行ったことなくて…
今更ながら初参拝なんです
え？

在学中に気にも留めなかったことのお詫びもしたいと思っています…
よ、よかったですね…

穴八幡宮は今から約千年前に源義家がこの地に兜と太刀を納め源氏の氏神でもあった八幡神を祀ったことが始まりだそうです
どうか、この地でもお守りくださ…
これはつまらないものですが…
義家は源頼朝の先祖ですよね
八幡様ってよく聞くけど武神なんですね！
メモ

穴八幡宮のご祭神は
・応神天皇
・仲哀天皇
・神功皇后
です
仲哀天皇
神功皇后
中でも第十五代天皇である応神天皇が八幡様とされています
ほうほう…
なるほど…祭神の皆様はファミリーだったということですね
母の神功皇后が新羅と戦っている時に応神天皇がお腹の中にいたことから…生まれながらの武神として崇められており、八幡様として信仰を集めました
妊婦だけど…
戦う!!
キリッ
ポンッ!
ほんぎゃー!
生まれながらの
武神
八幡様ってよく聞くけど知らなかった…

上に登っていくと…立派な拝殿が
え?
可愛らしい布袋さまの水舎で手を清め…

入り口から想像するにこんなに壮大な建物があるなんて思わなかった…
どーーん
すごい…
巨大!
そして空気がピーンと張っているのを感じます…

そのお隣の布袋さまに触って金運アップを願い…
すり
すり

拝殿では
あらら…
一度もご挨拶せずに卒業してしまい申し訳ありませんでした…
と、祈るより謝罪をさせていただきました

ランチには学生時代には食べたことがなかったお寿司屋さんへ
八幡鮨
創業明治元年
じーん…
びんぼうで…
学生時代のランチはコンビニのパン1つと学食の水だけだったんです…
あの時の私に教えてあげたい…「八幡鮨」でランチできるよって…
頑張ってきて良かったですね！
ラフフ…

元々は穴八幡宮の境内に和菓子屋としてお店を構えていたそうです
「ランチにぎり」大盛2人前！

八幡鮨のランチにぎり（大盛）
ピカーッ！
にぎり8貫と細巻6個のセット

この中トロ漬け…！マグロの旨み凝縮されてる…
ブリも漬けにしてあって美味しさマシマシですね

くぼさん、かっぱ巻きはこちらのお店が発祥なんですって！
物資のない昭和20年代にきゅうりを具にした寿司を考案!!
えー！私、かっぱ巻き大好き！

は〜
贅沢な
美味しさが
沁み渡る〜
ふわわ〜…
かっぱ巻き、
ゴマがシャリに
混ざってるから
食感もいい
ですよ〜

大盛を平らげた後、腹ごなしに
早稲田大学キャンパスを散策し…
コラーッ
え———と…大隈重信公
何をした方かは…忘れました…
大学創設以外に
何かしましたっけ？
政治とかっ！
教育とかって
有名ですよ…

都電荒川線に乗って王子駅前駅まで移動
王子駅前
都電荒川線
鬼子母神前
早稲田

駅に到着後、Nさんが猛ダッシュ！
売り切れるかも！
走りますよ！
ダダダダ

え？ お店、めちゃ小さいですね？
買えるかな〜…
「玉子焼き」…
ゼイゼイ
ハァハァ

厚焼き玉子と
親子焼き1つずつを
2セット！
買えてよかった〜
玉子焼き専門店？
厚焼玉子

扇屋の厚焼き玉子
ひき肉＆みつ葉入り
親子焼
名物！ 厚焼き玉子
1648年の創業から販売されている
厚焼き玉子は落語「王子の狐」にも
登場する扇屋の看板料理！
持ち帰り専門の小さなお店ですが、
早くに売り切れてしまう日も多数

持ち帰り用のパックに入った玉子焼き…
ほわわ…あったかい～
今！食べたいですよね！

でも！まだ行きたいお店が！
しばらく早歩きして…

ここです！
「久寿餅」…くずもち？

石鍋商店の久寿餅
独特の発酵臭が特長!!
「王子稲荷神社」の参道に創業して
130年以上になる老舗和菓子店の看板商品
茨城のお麩のお店で1年間発酵させた
小麦デンプンを更にお店の大きな樽で半年～
1年寝かせたものを使って作った発酵食品

イートインスペースもあるから本当は食べて行きたかったですよね
今は仕方ないですね

石鍋商店のすぐ近くに王子稲荷神社がありますが、附属の幼稚園が開いている時は裏から入ります

王子稲荷神社は江戸時代からすごく人気があって、関東中の狐が集まるっていわれていたそうですよ
稲荷神社っていろんなところにありますよね…
コン！
メモ

お稲荷さん=狐、のイメージがありますが、狐は稲荷神の遣いなので神ではありません
主神
宇迦之御魂神
穀物・食物を意味し
五穀豊穣を司る神
稲との関わりが特に深い
キツネ
春先に山から下りてくるので
田の神を先導してきたと
信じられていた
ピョーン
その他、宇気母智之神と豊洲水神社の主神である弥都波能売命の姉妹にあたる和久産巣日神が主神として祀られています
和久産巣日神↓
弥都波能売命と同じく私も母イザナミの尿から産まれました…
ホホホ…
お産まれがなかなかハードですね…
狐が神様だと思い込んでた

拝殿でお参りをして…

拝殿の裏手を奥に進んでいくと
「お石様」と呼ばれる願掛け石が祀られた社が
奉
納
願い事を念じながらお石様を持ち上げ
予想したよりも軽ければ願いが叶いやすく…
重く感じれば叶いづらい…
といわれています

私も
はっ
ひょいっ
Nさんも
ふんっ
ひょいっ

願いが叶いやすいのか…
単なる怪力かわかりませんね…
ハハハッ…

更に上に登れる場所があり…

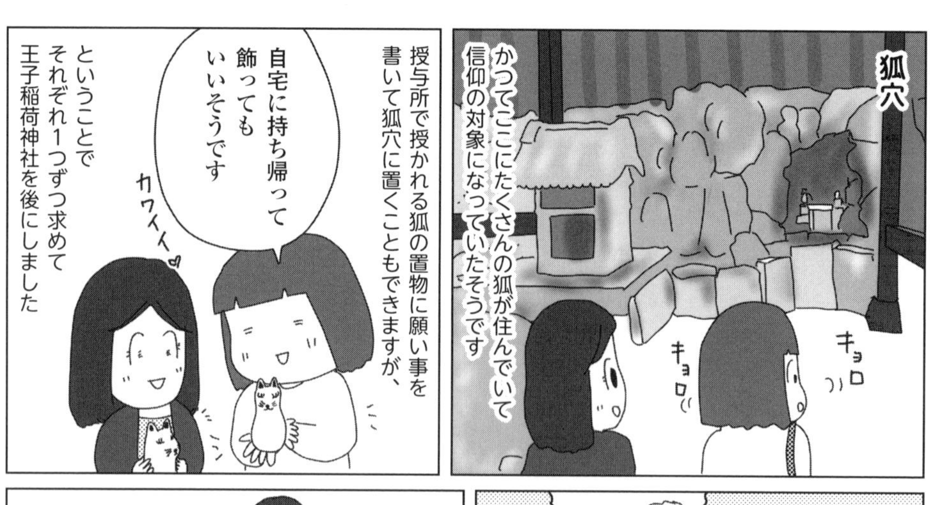
狐穴
かつてここにたくさんの狐が住んでいて
信仰の対象になっていたそうです
キョロ
キョロ
授与所で授かれる狐の置物に願い事を
書いて狐穴に置くこともできますが、
自宅に持ち帰って飾ってもいいそうです
カワイイ♡
ということで
それぞれ1つずつ求めて
王子稲荷神社を後にしました

王子稲荷神社から徒歩5分ほど
歩いたところに「王子神社」があります
すごく大きな神社！
王子神社の祭神は
事解之男命
速玉之男命
天照大御神
王子大神
伊邪那岐尊
元夫婦
伊邪那美命
五柱合わせて王子大神と呼ばれており
古くから信仰を集めていましたが、
江戸時代から子どもに関する祈願が
増えました

その理由は…
徳川第三代将軍家光公（幼名竹千代）の
乳母であった春日局が竹千代の健康と
大成を祈願したところ
どうかどうか私が育てた竹千代君を将軍に…！
体が弱くて気も弱くて本当にもう困った子で…
恥っ!!
将軍になれたよー
もうやめて〜…
めでたく叶ったことにより

王子神社は「子育大願」の神社として
今でも多くの人々が集まります
娘が宿題を自らやりますように…
もちろん子育て以外の願いも
聞きとげてくださるので
ミッフィーのコラボバッグが買えますように…
すぐ完売になるんです…
拝殿で参拝をした後…

おみくじを引いたのですが…
え？ QRおみくじ？ どゆこと？
QRコードから特設ページに飛んで…
QRおみくじ
ボタンを押して数字が出たら
王子神社
9

授与所でその数字を見せておみくじをいただくシステムです
こんなの初めて！
調べてみると他でもQRコードを使っている神社も！コロナ禍ならではのサービスですね

それにしても王子神社は緑が多くて歩くだけで気持ちのいい空間！
気分良く神社を後にし…
ふわ〜っ

すっきりとした気持ちをいただいて次に向かいます！
都電荒川線に乗って王子駅前駅から
庚申塚駅まで！
7分
巣鴨「とげぬき地蔵」を目指します

巣鴨地蔵通商店街
テレビなどで有名な商店街を歩きます！
私は初めてです！

○○
日本一の赤パンツ
ここは「おばあちゃんの原宿」として知られた場所ですが…
…
Nさん、なぜ…
じーっ
他では見かけないお店もいっぱい

しばらく歩くと「高岩寺」に到着！
高岩寺
平日でも賑わっていますね
ワイワイ
萬頂山
高岩寺
とげぬき地蔵尊
高岩寺は一般的に「とげぬき地蔵尊」と呼ばれています
まずは本堂にお参り
こちらの御本尊は延命地蔵菩薩…
通称とげぬき地蔵とも呼ばれており、
健康長寿のご利益があるといわれています

本堂にお参りをしたら「洗い観音」様と呼ばれている聖観音像にお参り
すごい人気ですね…
行列のできる観音様!!
観音像に水をかけて自分の体の悪い部分を洗うと治るという信仰が生まれ、今でも行列ができる人気ぶり…！
私もNさんと交代で洗い観音様に悪いところをお伝えして洗いました
ゴシ
ゴシ
頭…顔…肩…腰…
要するに全部…

とげぬき地蔵とは
江戸時代、田付という武士の妻が病に臥せて死の淵にいた時、田付の夢に地蔵菩薩が立ち
授けた印で作った地蔵の札を川に流しなさい
う～ん
というお告げに従うと
妻の病が良くなりますように…
妻の病が回復したとな…
やったー!!
更に毛利氏の女中が針を飲み込んでしまった際、
この地蔵の御札を飲み込んだら
ゴクン
針を吐き出すことができたという…
針が紙にささってる!!
ここからとげぬき地蔵と呼ばれ、篤い信仰を集めたそうです…
針を飲み込むってどんなシチュエーション…？

とげぬき地蔵で悪いところを取り除いてもらい、軽やかな気持ちで美味しいもの探し
元祖 塩大福
これ美味しそう!!
3つ下さい!
かわいー!!

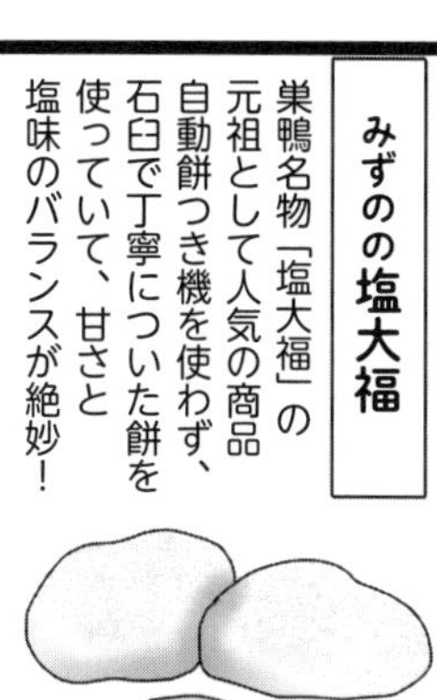
高岩寺の参道となるこの商店街で買って帰った美味しいもの紹介!
みずのの塩大福
巣鴨名物「塩大福」の元祖として人気の商品
自動餅つき機を使わず、石臼で丁寧についた餅を使っていて、甘さと塩味のバランスが絶妙!

雷神堂巣鴨本店の地蔵せんべい
お地蔵様の形をかたどった人気の煎餅
普通の煎餅で作ったものは「乾き地蔵」
ぬれ煎餅で作ったものは「ぬれ地蔵」
そうして巣鴨を堪能した後に…

なんとNさんが「都電もなか」をくれました!
大人気!! 都電もなか
都電型の焦がし最中につぶあんと求肥もちが入って食べごたえあり!!
くぼさんにお土産です!
天使…?
おやさしい…

家に帰ってから家族に美味しいお福分け
厚焼き玉子焼きのほんのりとした甘さがクセになる〜〜
冷えたらぷるっぷるの食感
ときわ木の 子育てもなか
小豆がとっても上品な味で美味しい…
これ好きー♪
みずのの塩大福
おもちやわらかーい
のび〜

「明美製菓」の都電もなか、都電がデザインされたパッケージが素敵…!
ですが…
ぱぁーっ
食べるのもったいなくなる!
かわいい!
全7種!! 紙パッケージに新旧都電デザイン!!

数日後
パパが食べた!!
ミーがとっておいたかわいい都電もなかがない!
ミーは2個しか食べてないのに!!
気まずい…
犯人
またまた揉め事が発生したのでした…

20000歩も夢じゃない
総歩数
18481歩!

〈豊島区・新宿区・北区まとめ〉

和のお福分けいっぱいのお散歩に！憧れのお寿司屋さんで舌鼓、鬼子母神では個人的にお土産No.1のお菓子に出合えた

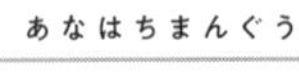

あなはちまんぐう
穴八幡宮

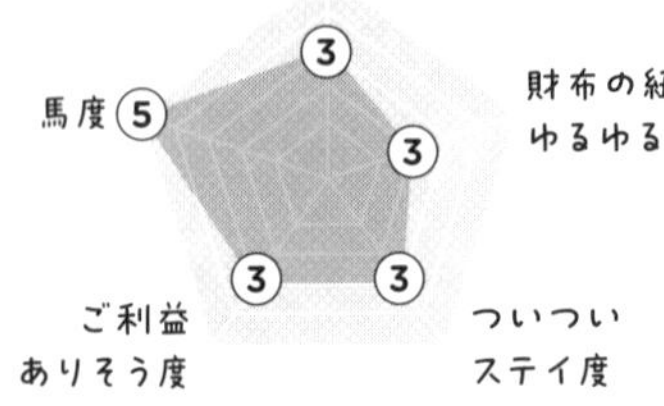

お腹パンパン度
3
財布の紐ゆるゆる度
3
ついついステイ度
3
ご利益ありそう度
3
馬度
5

早稲田ブレンド&早稲田の水

穴八幡宮の前にある早稲田大学で記念に購入
早稲田の水で早稲田ブレンドを淹れて家で飲んでみた

ありえないぜいたく!!
スッキリとした酸味があるコーヒーでした
WASEDA BLEND
WASEDA University
WASEDA

きしもじん
鬼子母神

おみくじの結果
小吉

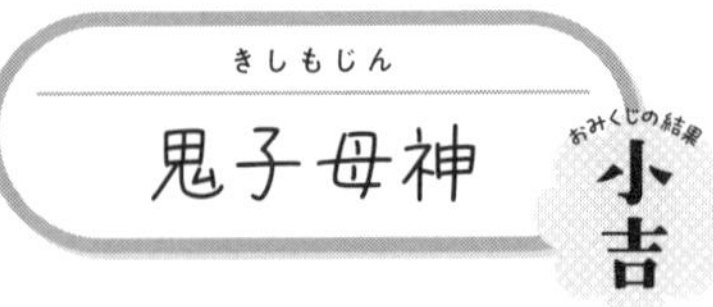

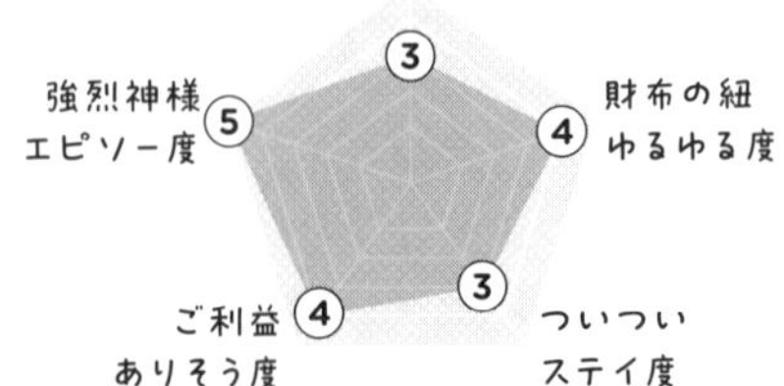

お腹パンパン度
3
財布の紐ゆるゆる度
4
ついついステイ度
3
ご利益ありそう度
4
強烈神様エピソー度
5

鬼子母神の土鈴

魔除けに効果があると
言われる土製の鈴
表面にはザクロの実が
描かれています

見た目より大きな音が
鳴ります

カチ
カチ

とげぬきじぞうそん（こうがんじ）

とげぬき地蔵尊（高岩寺）

おみくじの結果 大吉

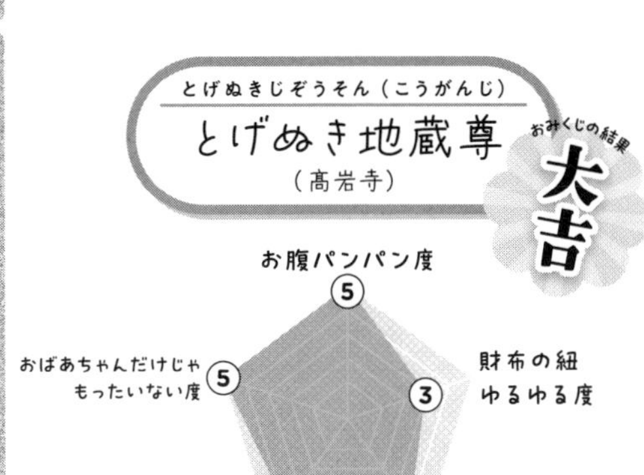

お腹パンパン度 5
財布の紐ゆるゆる度 3
ついついステイ度 4
ご利益ありそう度 4
おばあちゃんだけじゃもったいない度 5

雷神堂の厚焼き醤油十度づけ

しょう油をつけて乾かす工程を10回繰り返しているのでしょう油そのものを食べているような濃さ！

しかし…少しずつ食べるとクセになってくる…

かなりしょっぱい!!

美髪美容守

境内末社「関神社」の御守
「髪の祖神」として美しい髪と美容を守護

美髪守
美容

アホモ
パサパサ
アラフィフのボサ髪、何とかしたい…

おうじじんじゃ

王子神社

おみくじの結果 末吉

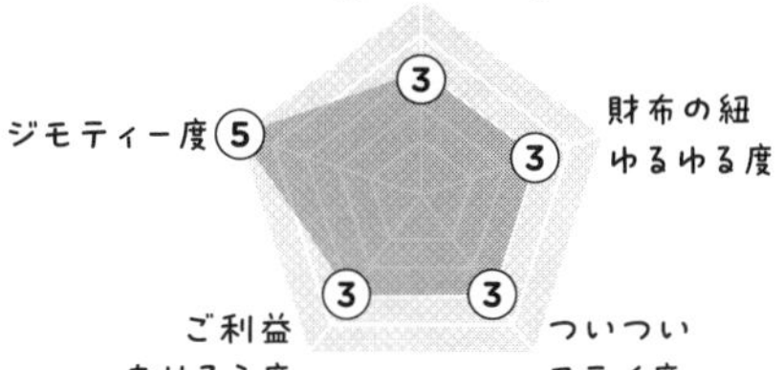

お腹パンパン度 3
財布の紐ゆるゆる度 3
ついついステイ度 3
ご利益ありそう度 3
ジモティー度 5

おうじいなりじんじゃ

王子稲荷神社

おみくじの結果 末吉

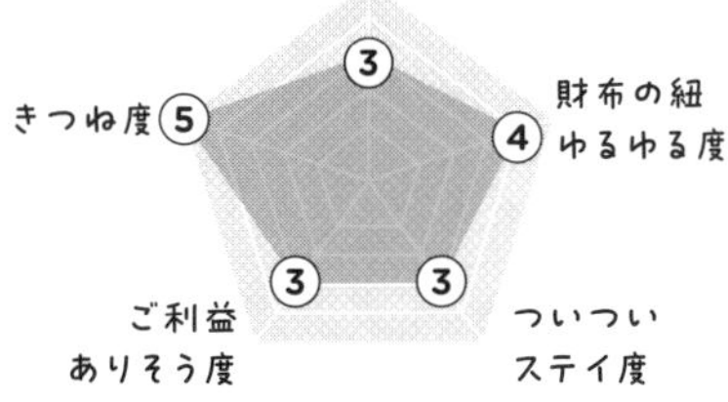

お腹パンパン度 3
財布の紐ゆるゆる度 4
ついついステイ度 3
ご利益ありそう度 3
きつね度 5

石鍋商店の酒まんじゅう

これは買えなくて後悔したもの!!
王子の空気中からとった酵母で作った酒まんじゅうで可愛いきつねの焼き印が押されています

かわいい上に縁起もよさそう～!!

「参道めし」の思わぬご利益？

くぼ家は数年に一度
義母が大好きな那智大社で
ご祈祷をして
いただいているのですが
義父↓
義母↓
シャッ
シャッ
このマンガの取材で
23区を回り終わった頃
ちょうどご祈祷の時期になり
久々に行ってきました

ご祈祷後は神職の方が
境内を案内しながら
お祀りされている神様の
説明がありますしかし…
例年
…ミコト様
…オオミカミ…
…ノミコト…
何の話か
全くわからない

今回
ポカーン
大変だ…

話の内容が
すごく
わかる…！
ふぉおっ…!!
神様に詳しくなっていました!!

no.06

墨田区 江戸川区 葛飾区

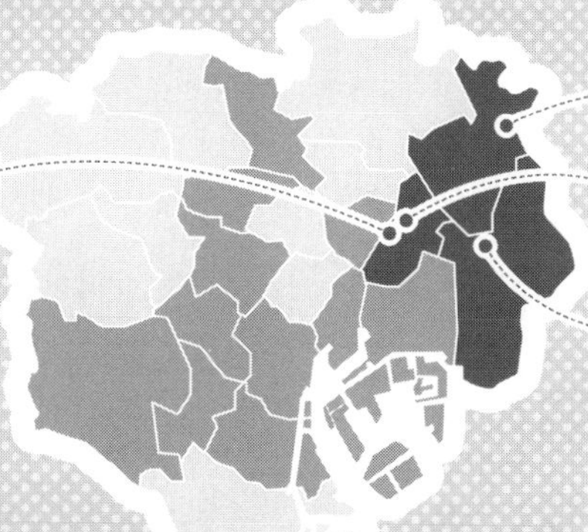
柴又帝釈天
弘福寺
長命寺
新小岩香取神社

今回は東京の下町を巡る旅です！
23区の東側を巡りながらおなじみの食べ物の発祥がわかるかも〜
まずは押上駅から徒歩15分くらいの場所にある「長命寺」に向かいました
誰もお参りされていない時間に来たようですね
しーーーん
緊張しますが行きましょう
でも…その静けさは日常の喧騒から解き放ってくれるような気もします

賽銭箱を見つけたので御本尊である阿弥陀如来様と弁財天様に手を合わせた後、
そのままお寺の出口に出ると
有名な桜餅のお店「長命寺桜もち」さんが！
長命寺 桜もち 山本や
ここ！会社の人に墨田区でおすすめの参道スイーツって聞いたんです
へ〜！
すごい有名店らしい…

長命寺桜もち
約300年前に創業者山本新六が土手の桜の葉を塩漬けにして作ってみた桜餅を長命寺の門前で売り始めたのが始まり
創業から長命寺桜もちさんの商品はなんと桜餅のみ！
餅は小麦粉製の薄皮…小麦粉を水で溶いたものを職人が1枚1枚手焼きしており、上品な味わいのあんこを巻きます
300年間桜餅だけでお店が繁栄し続けているってすごい…
結構な数を買う
どんな味か楽しみ！

次の目的地に向かうために押上駅に向かって歩いていると
立派なお寺…でも変わった形ですよね
立ち寄ってみましょうか？

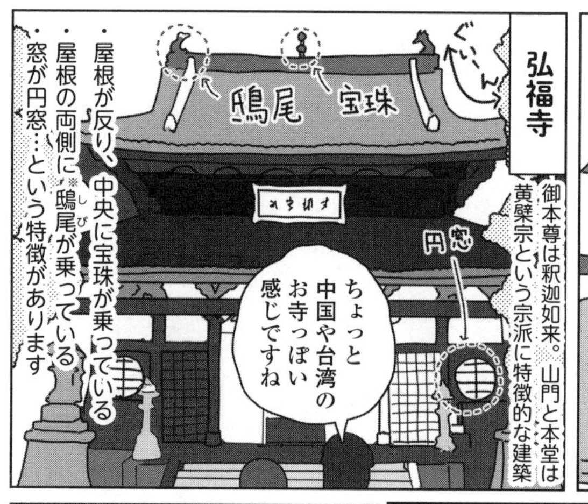
弘福寺
御本尊は釈迦如来。山門と本堂は黄檗宗という宗派に特徴的な建築
鴟尾
宝珠
ぐぃ〜ん
円窓
ちょっと中国や台湾のお寺っぽい感じですね
・屋根が反り、中央に宝珠が乗っている
・屋根の両側に※鴟尾が乗っている
・窓が円窓…という特徴があります

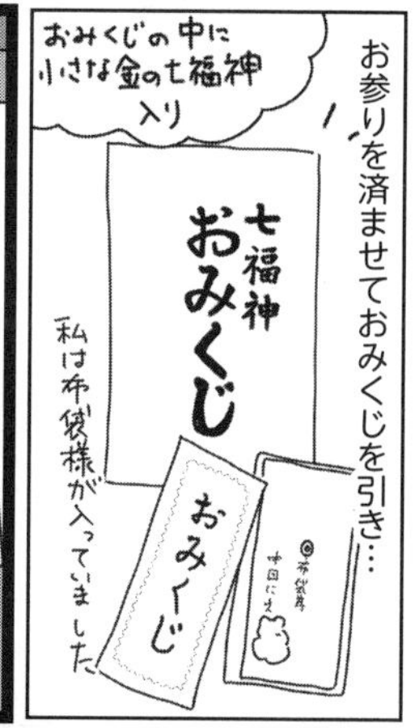
お参りを済ませておみくじを引き…
おみくじの中に小さな金の七福神入り
七福神おみくじ
おみくじ
私は布袋様が入っていました

授与所で見つけたのが「せき止め飴」
え？お寺で飴が？
せき止飴

あそこにある祠に「爺婆尊」がいるんですけどね
強烈なネーミング！

古くから風邪や咳止めの神様として信仰されていて口の中の病は爺に、咳の病は婆に祈願すると良いそうで…
婆
爺
せき止め飴は参詣された記念にお求めになる方が多いとのこと

へー！祈願の効き目が倍増しそう！
ありがとうございます
いただきましょう！

※鴟尾とは、魚に似た空想上の動物です。

そして爺婆尊にもご挨拶を…
私は喉が痛くなりやすいので婆様お守りください…
風邪をひかずに元気でいられますように
お寺を後にしてすぐにせき止め飴を口に放り込みます
あー、喉に沁みる…
生姜の味が強くて、懐かしい味の飴ですね
そして押上駅から新小岩駅まで…
次は「新小岩香取神社」に行きたいんですけどその前に美味しいものを食べましょう〜！
やった〜！
くぼさん、江戸川区の名産って何だかわかりますか？
え？ 江戸川区…？ そもそも東京の名産って思いつかない…
なんと！ 小松菜なんですって！
こまつな
え？ 野菜の小松菜？
えー!!
この辺りの地に徳川幕府八代将軍吉宗公が鷹狩りに来た時のこと…
昼餉にしようかの
ちょっと暴れすぎたかな
えー!! どうしよう…
何もないよー…
昼食時に何も料理するものがなくて、地元で採れた菜っ葉を入れて作ったすまし汁を献上したところ、
ぱあああっ
とても美味しい！
この菜っ葉は何という
名前はなくて…
もじ もじ
だったらこの辺りは小松川村だから「小松菜」にしなさいって命じました
将軍の一声で！ すごい

あ、お店に着きましたよ〜
和菓子屋さん？
買いたかったのはこれです〜
玄舟庵のこまつなっぴー
江戸川区内で栽培された小松菜をまろやかなミルクあんに混ぜて小松菜の形に作ったお饅頭
金とと
江戸川区は金魚の町として有名！金ととは金魚の形をした焼き菓子で甘さ控えめ黒ごまあん入り
おお…江戸川区の名産を和菓子に！
ランチの時間ですけど歩きながら食べちゃいませんか？
大賛成…！
ヒソヒソ…
こまつなっぴー、ネーミングも可愛い…どんな味かな…
金ととも金魚の形で食べるのもったいない気がしちゃう…
食べてみると…
ふわわ…こまつなっぴー、とてもまろやかなミルクあん！コーヒーのおともに良さそう！
金ととは黒ごまの香ばしさが立ってますね！
こまつなっぴー、最後に小松菜の風味がありますね
最後に口の中で香る感じ！
わい
わい
わい
お菓子を食べ終わった頃、「グリーンパレス」という江戸川区のコミュニティ施設に到着

ここにある
レストランに
行きましょう！
グリーンパレス
立派な施設…！

小松菜を使った
メニューがあるんです
じゃあそれに
決まりですね！
というわけで2人で頼んだのは…

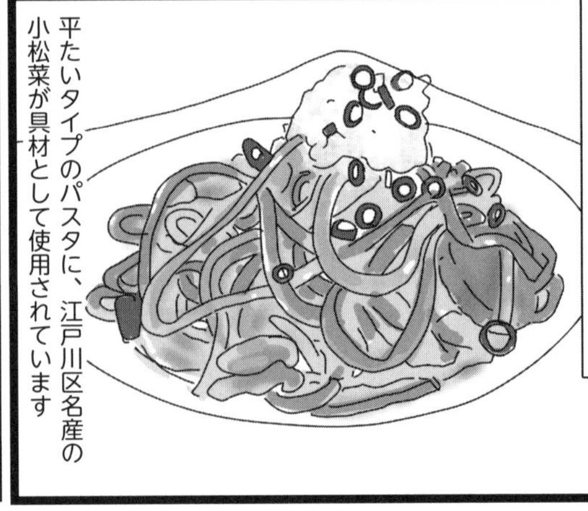
小松菜ときのこの和風パスタ
平たいタイプのパスタに、江戸川区名産の
小松菜が具材として使用されています

小松菜のパスタって
珍しいですよね
青菜独特の香りが
ほんのり口の中に
広がって美味しい！

お店を出ると…
小松菜ドレッシングに小松菜カレーが
売られているのを発見
お土産も小松菜に
しましょう！
小松菜の
カレーって
想像つかない
どっちも購入…！
小松菜カレー

お菓子も食べて、
パスタも食べて
まんぷくですね
ゆっくり
歩いて腹ごなし
しましょう！
お土産も増えて
バッグも満腹です…

10分くらい歩いて「新小岩香取神社」へ到着したのですが…
何これ…?
小松菜産土神
小松菜産土神??

小松菜と神社?関係が結び付かないんだけど…

江戸川区の名産が小松菜になった理由、あったじゃないですか…
あ、吉宗公がすまし汁に入っていた菜っ葉を気に入ってこの辺の地名を取って「小松菜」と名付けたとかいう?
うまい!

吉宗公がすまし汁を召し上がったのがこの神社らしいんです
えー!ここで?

なので、ここが「小松菜発祥の地」!
ハハハ…余が父親であるぞ…
オギャー
オギャー
小松菜にとっての「産土神」となったのです…

小松菜にとっては産土神ですけど、我々にとって香取神社には何の神様が祀られているかというと…
香取神社の主神 經津主命
伊邪那美尊が火之迦具土神を出産した際に大火傷を負い死んでしまったことを怒った夫の伊邪那岐尊が
火之迦具土神を剣で斬り殺した時…
何てことをするんだ!
剣から滴り落ちた血液は五百箇磐石となり…
經津主命はその岩の※御子神であるといわれます
刀剣の威力を象徴する神といわれていて、勝運祈願や災難除けにご利益があるといわれています
岩の子…?

すさまじいお話だな…

※産土神とは、生まれた土地の神様を意味します。

※御子神とは、親子関係にある神様が祀られる神社の子にあたる神様を指します。

鳥居をくぐり、手水舎でお清めを済ませてから
亀が可愛い！

本殿に参拝します
趣のある本殿ですよね…
約400年前に再建されたそうですよ

經津主命様、強い力を授けてくれそうなので、色々とお願いしてみましょう
そうですね…この本を描くことを支えてください…
ブツブツ

強い気持ちを持って描けそうですね！
Nさんは何をお祈りされました？
ぐっ

今日は小松菜を食べて、お土産も小松菜関係ですだから次の会議で企画を通してくださいと祈りました
勝負運…
え？ ゴマすり…？

そして…小岩駅まで移動し、バスに乗って「柴又帝釈天」まで！映画「男はつらいよ」の舞台としてあまりにも有名な場所ですが…
帝釋天参道
国の重要文化的景観「葛飾柴又」

実は来るのは初めてです！
わー、寅さんの世界！
帝釈天の表参道を歩くと…おおお、映画で見たような空間が！

高木屋老舗
「高木屋老舗」さん！「とらや」のモデルですよね！
お団子とかくず餅とか、和風甘味のお店が多いですね

いつもお寺や神社で長居してしまう我々…最後に回るところは時間切れになりがち
時間が遅くなってきたので先に参拝を済ませましょう！
さて、今回参拝を先に済ませることは吉と出るか凶と出るか…
「ラジャー！」

帝釈天題経寺の二天門
参道の奥にあるのが柴又帝釈天と呼ばれる「帝釈天題経寺」です！
今まで帝釈天っていう名前のお寺だと思ってたけど違うんですよね

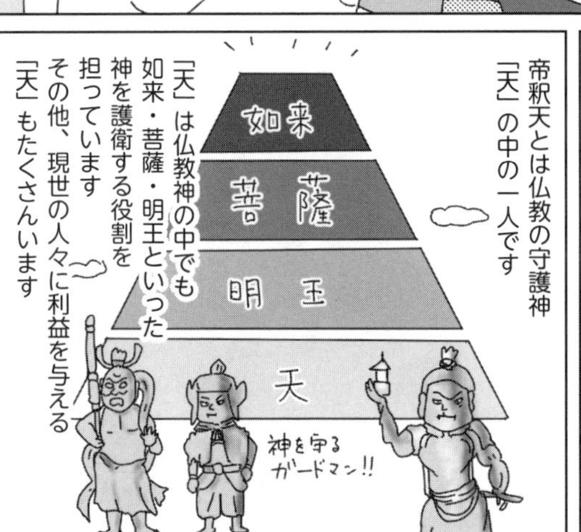
帝釈天とは仏教の守護神「天」の中の一人です
如来
菩薩
明王
天
「天」は仏教神の中でも如来・菩薩・明王といった神を護衛する役割を担っています
その他、現世の人々に利益を与える「天」もたくさんいます
神を守るガードマン!!

帝釈天は悪神だった阿修羅と戦って改心させたので戦勝祈願などのご利益もあるといわれています
勝…
わー〃
長徳寺（P48）の閻魔様や鬼子母神様（P65）も「天」の仲間だそうです

二天門では四天王のうち二天が守っています
右側には増長天（ぞうじょうてん）
左側には広目天（こうもくてん）
残りの二天はどこに？

二天門を入って左手に授与所があるのですが
男はつらいよのテーマソングが流れています

チャ〜ララララララ〜ラ〜

あれ？
あの音楽？

「寅さんお守り」なるものを発見
御守
寅
寅さんの着ているジャケットの柄なんですかね
なんかちょっとバー○リーっぽくておしゃれお守りみたいに見えますね

そして帝釈堂にて参拝
帝釈堂の中には持国天と多聞天がいらっしゃるそうです
二天門にいる「天」と合わせて四天王なんですね！
メモ

帝釈天は須弥山という山の頂に住んでいて、
山の中腹で四天王が守護しているそうで……
そうか、四天王は帝釈天様の部下なんですね！
「天」の中にも上下関係が……

帝釈堂で参拝をして…
帝釈天様は戦いにも強いので厄除けや病気平癒にもご利益あるって聞きました
阿修羅に勝つって相当ですよね…
おみくじは吉！
帝釈天のおみくじは凶が出やすいらしく…
吉でホッとしました
第八十七 吉
璧石方逢玉
淘沙始見金
青霄終有路
只恐不堅心

瑞龍の松
都指定文化財にもなった名木
10メートル以上ある枝が三方に大きく
広がっています
それにしてもこの境内の松、すごく立派ですよね…
松の枝の支柱の数がすごい…

毎年松の根に110本も日本酒を注ぎ込む
「お神酒あげ」が行われているとかで
世界中の松の中で一番の呑兵衛では…？
おかわり〜
うぃ〜
酒
酒
酒

柴又帝釈天を後にし、楽しみにしていた参道での食べ歩きタイムの予定でしたが…
あれ？ お店が閉まっている？
まだ開いているお店に駆け込んでお買い物しましょう！
閉店時間が早いお店が多く、イートインできるお店がなかったのです！

亀家本舗
「亀家本舗」さん、開いてた！
ホッ
ここは草だんごが有名です！ もうすぐ閉店時間ですから買って帰りましょう！

亀家本舗さんはこだわりの素材で作った草団子が名物なので、注文すると…
サッ
ホイ
ハイ
ササッ
団子を詰める人、あんこを詰める人が分業！
おー…見事なチームワーク

次は「代々㐂」さんで「矢切の渡しもなか」を
寅さんの故郷（矢切の渡し）
商標登録 矢切の渡しもなか
御菓子処 代々㐂
間に合った～！
矢切の渡しといえば歌が有名ですよね
柴又と千葉県松戸市の「矢切」を船で往来する「矢切の渡し」をモチーフにした最中が有名

くぼさん…その歌知らないです…！
ジェネレーションギャップ…
ぴゅううう…

と、とりあえず3種8個入りの最中を買いましょうか…
フルで歌える人

私は一人暮らしだから8個も食べられないかな…
あら！
冷凍すると長持ちしますよ あんこも硬くならないし美味しいわよ

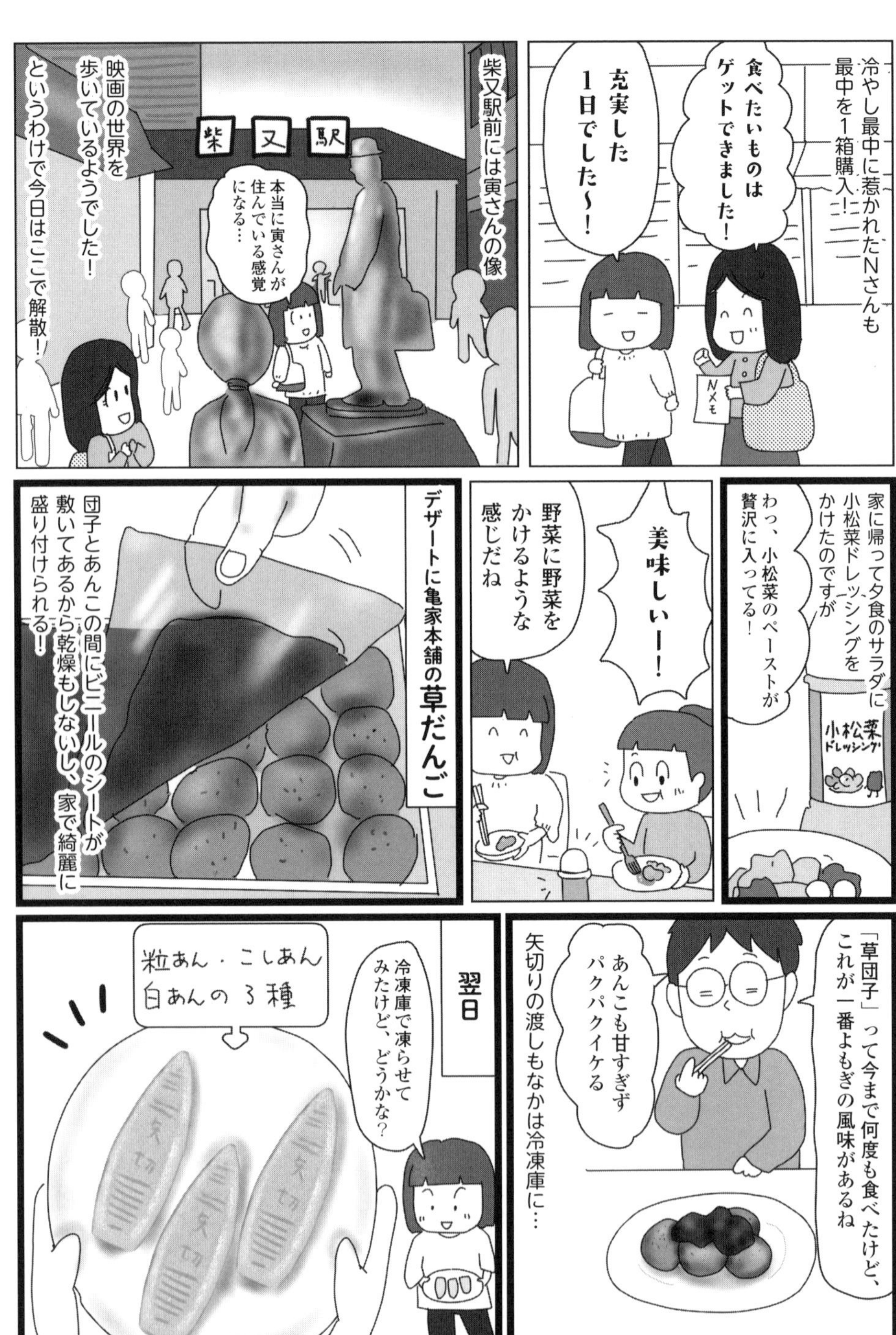
冷やし最中に惹かれたNさんも最中を1箱購入!
食べたいものはゲットできました!
充実した1日でした〜!
Nメモ
柴又駅前には寅さんの像
柴又駅
本当に寅さんが住んでいる感覚になる…
映画の世界を歩いているようでした!
というわけで今日はここで解散!
家に帰って夕食のサラダに小松菜ドレッシングをかけたのですが
わっ、小松菜のペーストが贅沢に入ってる!
小松菜ドレッシング
美味しぃー!
野菜に野菜をかけるような感じだね
デザートに亀家本舗の草だんご
団子とあんこの間にビニールのシートが敷いてあるから乾燥もしないし、家で綺麗に盛り付けられる!
「草団子」って今まで何度も食べたけど、これが一番よもぎの風味があるね
あんこも甘すぎずパクパクイケる
矢切りの渡しもなかは冷凍庫に…
翌日
冷凍庫で凍らせてみたけど、どうかな?
粒あん・こしあん白あんの3種

冷やし最中は
家族にも大好評
硬くないし
あんこがヒヤッと
してて美味しい
夏にいいね！

美味しいものの記憶って
すごく残るから、お土産話にも
厚みが出るような気がする
聞いてても
楽しいよ

と、冷やし最中を楽しんでいる横で…
神社やお寺にも詳しくなるよ…
うんうん
ん？ スプーンで？ 何を？

いや、この小松菜ドレッシング…、
単品でも美味しいなと…
え？ 単品で？
冗談でしょ？！

誤算だったのは娘にも流行が伝播し…
パパ！
ドレッシングだけで
食べるの美味しい
でしょー？！

小松菜ドレッシングブームに
くぼ家は沸き…
あー
最後のひと匙…
ないなー
パパ！
半分分けて！
ガタッ
本来の使用方法を見失ったまま
完食してしまったのでした…

＼惜しい！／
総歩数 19031歩！

〈 墨田区・江戸川区・葛飾区まとめ 〉

300年を超える伝統の桜餅から、地元の名産小松菜を使ったお菓子までバラエティに富んだお福分け。有名な映画の舞台も楽しく散策できて大満足

ちょうめいじ
長命寺
お腹パンパン度
財布の紐
ゆるゆる度
ついつい
ステイ度
ご利益
ありそう度
落ち着き度
5
2
0
1
2
想像と違う長命寺桜もち！
たくさんの葉で
包む!!
もちではなく
小麦粉の生地!!
ガツン！と塩気！
厚手のクレープ
みたいな？

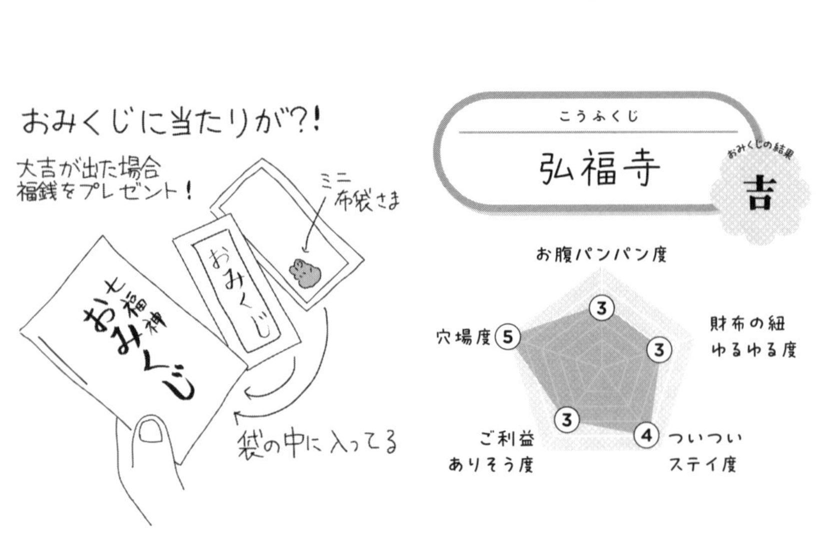

おみくじに当たりが?!
大吉が出た場合
福銭をプレゼント！
ミニ
布袋さま
おみくじ
おもち福神
おみくじ
袋の中に入ってる
こうふくじ
弘福寺
おみくじの結果
吉
お腹パンパン度
財布の紐
ゆるゆる度
ついつい
ステイ度
ご利益
ありそう度
穴場度
5
3
3
4
3

しんこいわかとりじんじゃ
新小岩香取神社
おみくじの結果
大吉
お腹パンパン度 3
財布の紐ゆるゆる度 2
ついついステイ度 3
ご利益ありそう度 3
小松菜度 5

願
叶

願叶守

神鹿として可愛がられていた「ちびた」くんのシルエットが入った願叶守

ちびたは天寿を全うしてしまいましたがお守りとして愛され続けています

んのお守り

小さな運から大きな運まで強運に恵まれるお守り

黄色のお守りに
黒い「ん」が
目立ちます！
ん
しばまたたいしゃくてん
柴又帝釈天
おみくじの結果
吉
お腹パンパン度 5
財布の紐ゆるゆる度 3
ついついステイ度 4
ご利益ありそう度 3
見覚えあり度 5

こんなものも いただきました！

マンガに描けなかった
モノも実はいっぱい!!
毎回
バッグパンパン!!

てまき

弘福寺（墨田区）

お名前入り本つげ木札お守り

3文字までの文字を手書きで書いて
後日送付

お願い事を2つまで記入でき、
いただいてから1年間毎日ご祈祷して
いただける驚きのサービス

体に取り入れられる系（塩・米）

お料理に使えば体内に取り入れることも
できるので実用的?!

※塩は、食べられるものとそうでないものがありますので、
ご確認のうえご使用ください。

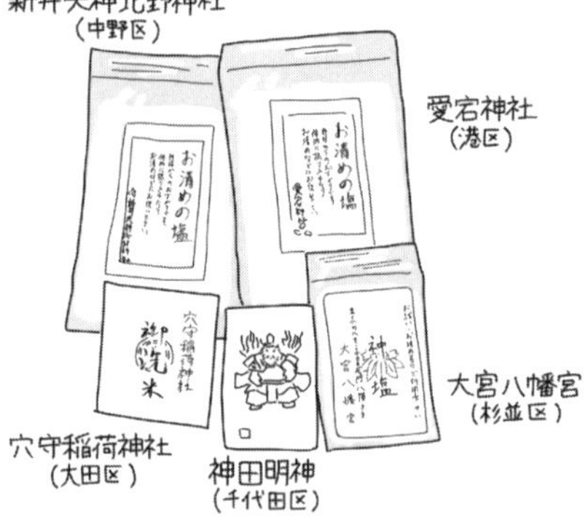
新井天神北野神社
（中野区）
愛宕神社
（港区）
大宮八幡宮
（杉並区）
穴守稲荷神社
（大田区）
神田明神
（千代田区）
お清めの塩
お清めの塩
御神米
神塩

福

愛宕神社
（港区）

新井薬師
（中野区）

目黒不動尊
（目黒区）

だるまおみくじ

だるまの中におみくじが入っている
だるまおみくじも引きました！

no.07

中野区 杉並区

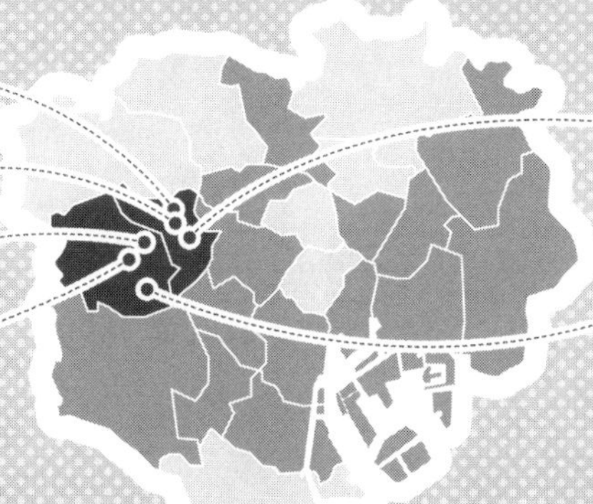
沼袋氷川神社
新井天神北野神社
高円寺氷川神社
（気象神社）
馬橋稲荷神社
新井薬師梅照院
大宮八幡宮

前回は東京の東側を回りましたが、今回は西側を攻めてみます！
中野区
JRをまたいで区を縦断します!!
JR中央線
杉並区
いっぱい歩くよ〜
おまけに食べもの、授与品もユニークなもの揃いです
今回の集合場所は西武「沼袋駅」！
「沼袋氷川神社」に向かいましょう！
どんなところかなあ…
ん?!
と思ったら徒歩2分足らずで到着です！
駅からたった2分で雰囲気がグッと変わります
近っ！
氷川神社ってよく聞きますよね？
そう、本社はさいたま市にあるんですけど関東を中心に氷川神社は200社以上あるんですよ
メモ
氷川神社とは
氷川神社の主神「須佐之男命(すさのおのみこと)」は乱暴者で神々の住む※高天原(たかまがはら)から追放されてしまい…
姉
天照大御神
出ていってちょうだい!!
塩まくわよ!!
あ〜れ〜
しゅたっ
出雲（島根県）に降り立ち、この地を荒らしていたヤマタノオロチを退治したことで知られます
ギャー
その後は付近の国々の住民に農耕などを教え、国造りに貢献したため土地の守り神として氷川神社でもお祀りされていましたが…
関東の武士たちはヤマタノオロチを退治した勇敢な須佐之男命を氷川神社で武芸の神としても祀るようになりました…
暴れ者…？しれっ
誰のことですか…？

※高天原とは天照大御神の住む天上界で、他の神様も住んでいる場所とされています。

鳥居をくぐって参拝に向かいましたが…
茅の輪がありますね！
別の神社でも見たことあります
6月と12月には、半年分の罪や穢れを祓う「大祓」という神事があり、夏の大祓では「茅の輪くぐり」が全国の神社で行われています

1年も半分過ぎましたから結構罪や穢れは溜まってるでしょう…
そもそも何で茅の輪をくぐるなんて神事をやるんですかね？

須佐之男命が南海の諸国を巡られた時に
どっかで一泊できないかな…
つかれた〜
最初に裕福な巨旦将来の家を訪ねましたが
泊めて下さい…
は？
ムリムリ
汚い姿の須佐之男命を家に入れませんでした

次に巨旦将来の兄である蘇民将来の家を訪ねたところ貧しいながらも快く宿を提供しました
どーぞ
ボロいですけど…
えー!! うれしー!!
後日、須佐之男命は名前を明かし、茅の輪を作って蘇民将来の腰に付け、今後子孫を悪疫から守ると約束されました
キミの子孫は守るけどキミの弟の子孫は滅びるんだからねっ!!

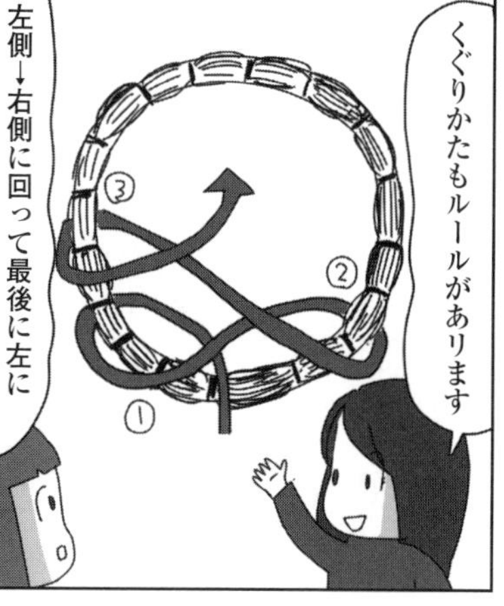
くぐりかたもルールがあります
左側→右側に回って最後に左に回った後そのまま抜けるんですね
①
②
③

茅の輪をくぐり、半年分の罪と穢れを落とし
残り半年、頑張るパワーをもらった気がします
須佐之男命はこちらの神社の主神であることから、6月だけではなく12月にも茅の輪くぐりを行っているそうです

社殿では厄除けのご利益があるといわれる須佐之男命様に参拝しました
氷川神社

沼袋氷川神社は「三本願い松」が有名で…
あ、これはすぐわかりますね。ひときわ高い松の木が3本あるから！
松の木は古来より「願い叶うのをマツ」といわれ、松の木に幸せを願うと叶うと信じられてきたそうです
ガイドブック

樹齢およそ500年といわれる三本願い松神社内の樹木の中でひときわ高く伸びているのを見ると、幸せへの願いが松の木に詰まってる気がします…
我々も静かに幸せを祈りました

あと、ここには中野区で唯一の場所があるんです！
中野七福神…？
中野七福神

中野七福神
七福神を一度にお参りできる中野区唯一の場所
ありとあらゆる幸運をもたらしてくれる場所として人気となっています
幸せがいっぱいあふれていますね

七福神様への挨拶も済ませ、次は「新井薬師梅照院」に向かいます！
そんなに遠くないので徒歩で行きましょう！

歩いている途中に神社発見！
ちょっとお邪魔してみましょうか？

新井天神北野神社
本殿が新しくておしゃれ！
ここは天神様として知られる菅原道真公と食物を司る保食神(うけもちのかみ)を祀っているそうです

天神様ということは学問の神ということで…
娘のパルリがお勉強を自主的にやるようにご支援ください…
慌ててお願いごとを…

境内には「撫で牛」も…
天神様をお祀りしているところでは菅原道真の乗り物とされた牛は聖獣とされています
自分の悪い部分と同じ場所を撫でると悪いところが牛に移って病気が治るという
いい伝えがあります
まず頭と顔…
そして肩と腰…
すり
すり
すり
牛にたくさんの悪いところを押し付けてしまったかもしれません…

新井天神北野神社を後にし、しばらく歩くと「新井薬師梅照院」に到着
ここが山門ですね
新井薬師って西武新宿線の駅の名前ですよね…お寺があるって知らなかったです

ご利益として有名なのは「眼病平癒」なのですが…
私は目が良すぎて困る時があるんですよね…それもお祈りして大丈夫でしょうかね
薬師如来様にとってレアケースなお願いごとかもしれませんね

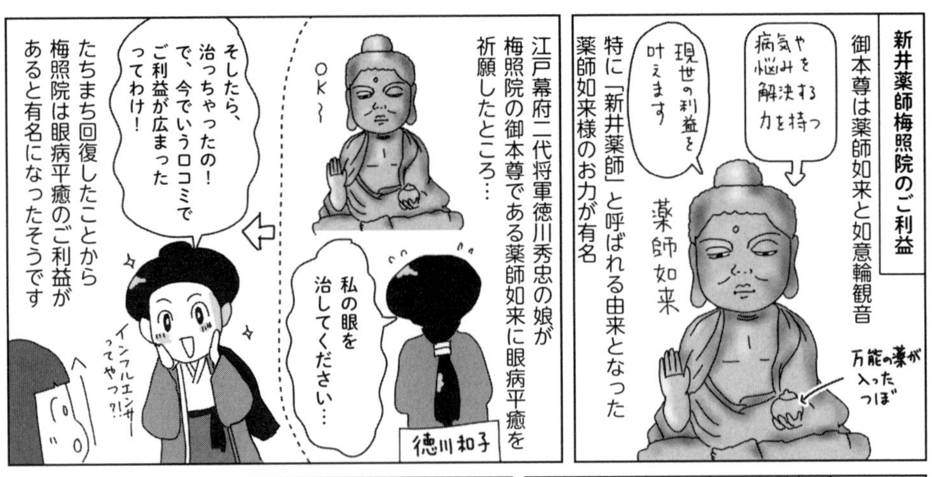
新井薬師梅照院のご利益
御本尊は薬師如来と如意輪観音
病気や悩みを解決する力を持つ
現世の利益を叶えます
薬師如来
万能の薬が入ったつぼ
特に「新井薬師」と呼ばれる由来となった薬師如来様のお力が有名
江戸幕府二代将軍徳川秀忠の娘が梅照院の御本尊である薬師如来に眼病平癒を祈願したところ…
OK～
私の眼を治してください…
徳川和子
そしたら、治っちゃったの！で、今でいう口コミでご利益が広まったってわけ！
インフルエンサーってやつ?!
たちまち回復したことから梅照院は眼病平癒のご利益があると有名になったそうです

そうだ…夫が目がすごく悪くて苦労しているので薬師如来様にお願いしてみよう…
メガネ？
私も仕事で目が疲れるのでそのことをお願いしてみます…
本堂で参拝を済ませた後授与所へ行ったのですが…
わー
他のお寺とは違う品揃え！
めめ
めめ絵馬鈴守
治眼御守
眼病治癒に関する授与品いろいろ
甘茶香
薬師湯
めぐすりの木茶
目薬の木のお茶とか…あまちゃのお香も！
※健康長寿飲料「薬師湯」っていうのも気になる…

と気付いたら色々手にしていた…！
甘茶のお香と目薬の木茶と薬師湯の健康3点セットいただきました
ハハッ
本当にたくさんですね
健康3点セット…
敷地内を一周して、梅照院を後にしました
それにしてもお寺の敷地は広いですね
古くから多くの人々がこのお寺に集まってお願いごとをしていたんでしょうね…

※「薬師湯」は、2023年1月時点では授与されていません。

新井薬師梅照院を出た後、商店街を歩いていくと
あ、ここに寄ります！
ここに「開運やくし最中」という和菓子が売っているんです！

亀屋さんの開運やくし最中
粒あん・こしあん・栗あんの3種類
新井薬師のお膝元で90年近く営業してきたお店の看板商品です
銘菓
やくし最中
新井薬師が最中にデザインされています

それぞれ粒あんとこしあんを買い…
1つだけ食べることに

あんこがしっかり甘さがあってザ・和菓子！って感じですね
甘いものでがっつりエネルギーチャージ！
あ、私のはデザイン違う！食べるだけでご利益ありそうな気がします
おやつを先に食べてしまいましたがこれからランチです…

元気よく歩いたのですが、中野駅前付近までたどり着いた頃には
私たちって代謝がいいのかしら…？
要するにお腹がすいたってことですよね
ぐ〜
ぐ〜

選んだのはお昼時の男性の方々がたくさんいたお店
今日はまだまだいきたいところがあるのでガッツリ食べましょう！
おー!!

たくさん歩いているせいか
体力ついた気がしますよね
そうそう、スマホの歩数計が
見たこと無い数値を
叩き出しますし！

私は週に1回スーパーで
食材とかまとめ買いするんですけど、家に帰ると
ヘトヘトになってて！
ヨロ
ヨロ
Before
スーパー
After
それがいつの間にか前より
荷物あっても平気に
なったんです
へー
!!

参道めしを始めてから
体調いいんですよね！
それ、同意…
健康トークに花咲く年頃の2人、
元気に回復して再び移動開始！

中野から高円寺まで電車で移動し…
駅のすぐそばにある「高円寺氷川神社」に
向かいます！
本日2社目の
氷川神社〜
黒い鳥居って
珍しいですね…
氷川神社は主神が須佐之男命ですから
特に厄除けのご利益がありそう！

まずは本殿にご挨拶します
新しくて
モダンな
デザイン…

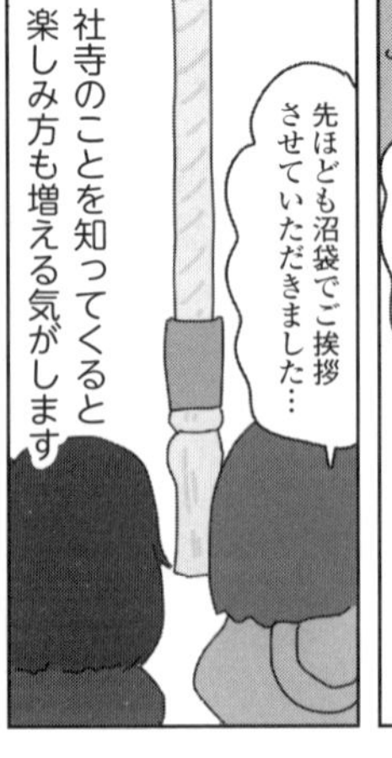
先ほども沼袋でご挨拶
させていただきました…
社寺のことを知ってくると
楽しみ方も増える気がします

神社の境内にはもう1つ小さな神社が
あります
ここが特に
有名なんですよね

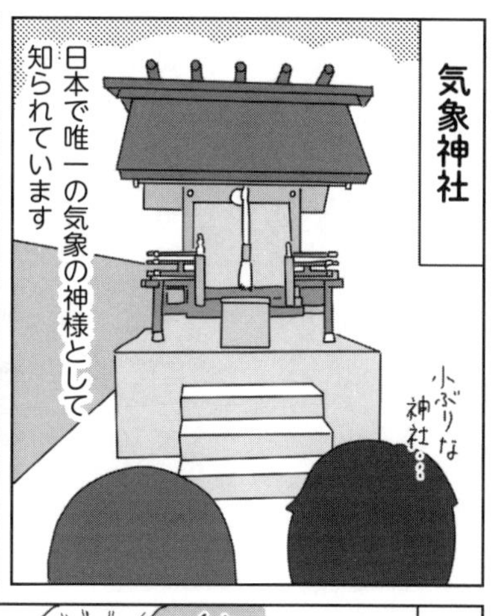
気象神社
日本で唯一の気象の神様として知られています
小ぶりな神社…

元々は戦時中、陸軍気象部の構内に造られたそうなんです
高円寺の近くにあったみたいですね
軍にとって気象条件は戦略を講じる上で重要な要素だったため、気象予報が的中するように祈願するために造られた神社でした…
予報が当たりますように
なにとぞ…
その後GHQによって撤去される予定でしたが調査もれで残存…こちらの氷川神社に遷座することになったそう
ひぃぃっ
そういう奇跡的な経緯があったんですね…

主神は八意思兼命（やごころおもいかねのみこと）
太陽神である天照大御神が天の岩戸に隠れて世の中が闇になった時、岩戸を開けて天照大御神を外に出す知恵を考え出した「知恵の神様」
今がチャンス!!
まあ、おもしろそう♡
ゴゴゴ
岩戸の外で面白イベントを企画して…
天照大御神が外に出たくなるようにしました!
ゲラゲラ
世界に太陽を取り戻したことから「気象の神様」と祀られるようになったそうです

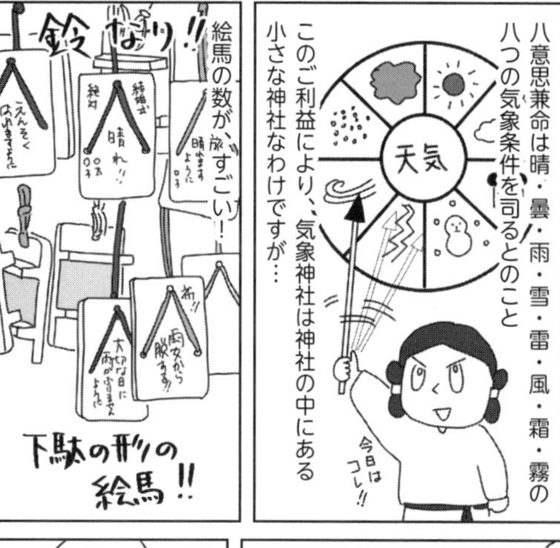
八意思兼命は晴・曇・雨・雪・雷・風・霜・霧の八つの気象条件を司るとのこと
天気
今日はコレ!!
このご利益により、気象神社は神社の中にある小さな神社なわけですが…
絵馬の数が、すごい!!
鈴なり!!
下駄の形の絵馬!!

お天気って毎日の生活に直結してますし、重要ですよね
わかる…
私もなんですけど、娘のパルリが雨女で…色々なイベントで雨が降るんですよ…

お天気が悪いと楽しめないものも多いですしね
大切な行事の時など、どうかご加護を…
なにとぞ…

参拝後、授与所に行ったところ…
おおっ!!

巨大なてるてる坊主「ろっくん」が鎮座！
ろっくん
私と同じくらいの大きさはありそう…
授与品もお天気に関するものがいっぱい！
ステッカー
晴天祈願
気象神社
晴守
晴守
気象予報士合格守
カード型お守り
御守
気象神社
気象予報士合格守
てるてる守り
桐箱入り晴守
晴守
気象神社
珍しい～!!

雨女のパルリがいつも持ち歩けるようにお守りをいただいていこう…

ランドセルと普段使っているリュックに入れられるようにお守りを2ついただきました

気象神社を後にして次の目的地に向かう私たちでしたが…
しっかりランチを食べたばかりなのに！
開運やくし最中をまた食べる我々って！
モグ
モグ
ハハッ
モグ
モグ

食べるだけでご利益いただける気持ちになる最中ですよね
そーそー！むしろたくさん食べなきゃって！
ムフフ…
うんうん

食べる理由があるって素敵…！

パアァァ…

のんびりと食べ歩いていたところ…
雨が降ってきた！
気象神社に行ったばかりなのにっ
急いで次の場所に向かいましょう！

雨の中徒歩で移動して「馬橋稲荷神社」に到着
一の鳥居をくぐり、二の鳥居を見てびっくり！
雨はやみました♪

龍の鳥居が！
でーん
品川神社、高円寺、そしてこちらの鳥居を合わせて東京三鳥居と呼ばれているそうですよ
わー。近くでよく見てみましょう
何かうれしいー!!

三の鳥居、随神門を通り抜けて
本殿に向かいます

こちらは稲荷神社なので主神は宇迦之御魂神(うかのみたまのかみ)です（P71）
色々な現世利益を叶えますよ～
願いを神様にお伝えする係です
ホホホ…
推し活に使うお金に困りませんように…
迷わずミッフィーの限定品が買えますように…
私たちの現世利益って…

授与所で気になったものは…
願かけ狐
この神社に納めても自宅に飾ってもOK
狐の中に願い事を書いた紙を入れて神様に届けてもらえます
底に穴があいている

髭がある方がオス髭がない方がメスだそうですが…

特にご利益には影響がないのでお好きな方を…
神社の方
2人ともオスをチョイス

馬橋稲荷神社を後にして高円寺駅に戻ります
ここからバスに乗って「大宮八幡宮」へ向かいます！
急げ!!
神社内の授与所が閉まってしまう時間が近付いていました
時間がギリギリですね…
高円寺で雨が降らなかったらまだのんびりしてたかもしれませんね

早く行動しなさい！

天気くずすよ！

八意思兼命

と、気象神社の神様が急かしてくださったのかもしれませんね…

大宮八幡宮に着いた頃は雨がなんとか止み、ダッシュで八幡宮内の「清涼殿」へ向かいます
東京23区内の神社で第3位の広さを誇るこの神社…まずは八幡宮内の結婚式場「清涼殿」へ
ドーーーン
わーっ!

清涼殿にはティーラウンジも併設されていますが時間がないためお菓子だけ購入
買えてよかった〜！
よかったですねー
ほんと危なかったですね…
あわわ…
16:52

大宮八幡宮で買うべきお菓子！

へそ福餅
東京の重心に位置したことから「東京のへそ」という意味を込めて作ったお菓子
福餅の中心に丹波篠山の黒豆を乗せておへそを表し、周りをプチプチした白ごまで囲む

バームクーヘン
老舗の和菓子屋塩瀬総本家とのコラボ商品
大宮八幡宮の幸福撫でがえるをモチーフにした焼印を木箱に押してある

清涼殿に向かって左手にある大きな石 なでると更なる幸せを得られると言われている
さわさわ
とにかくさわさわ
とにかくさわりまくるくぼとNさん…

※拝殿は仮設の建物でした

本殿にも早くお参りしましょう！
境内が広すぎて移動に時間がかかりますね！
ハァハァ
大宮八幡宮は先日行った穴八幡宮と同じく主神が応神天皇・仲哀天皇・神功皇后です
特に応神天皇は神功皇后の母体にいる時から強い力を持つとされていたので縁結びや安産・子育てにもご利益があるといわれていました
そうか…じゃあ、子育てについても祈ろう…
お腹の中からヒーローなんて…
縁結びを祈る
キリッ

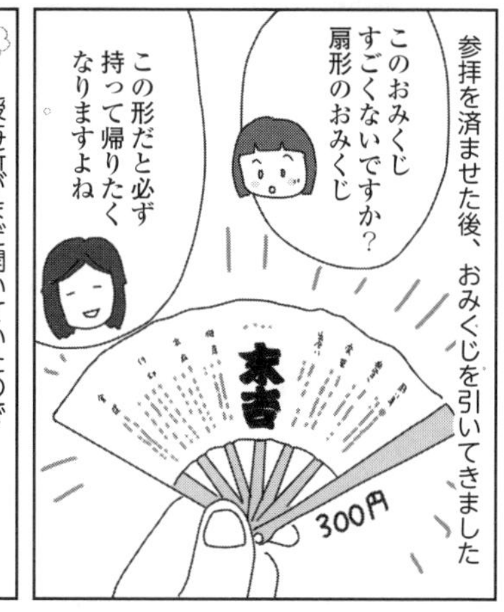
参拝を済ませた後、おみくじを引いてきました
このおみくじすごくないですか？扇形のおみくじ
この形だと必ず持って帰りたくなりますよね
末吉
300円

授与所がまだ開いていたので見ていたのですが、気になったのは「鳩笛」
カワイイ…
ここから吹く
鳩は八幡宮のお遣いといわれているそうで、その鳴き声で災いを遠ざけるとされています
私、鳩の鳴き真似得意で…八幡宮でやった方がいいですかね…
会社の上司にキモいからやめてって言われるくらい…
いいと思います…どちらでも…

神門の前にある夫婦銀杏は夫婦和合のシンボルとして有名です
この大木のようにどっしりした夫婦、憧れる…
男銀杏の方は高さが26メートルなんですって
夫婦の在り方についての2人の反応は違っていました…

すっかり日も落ち、暗くなってきたので高円寺駅に戻って解散、家に戻ってからおやつタイムです
さあ！
ありがたいお福分けの時間ですよ～
やったー！！

へそ福餅って…
ワハハ… ワハハ…
白ごまってへそのごま？
とリアルな「へそ」のイメージに囚われるパルリでしたが…
あ！美味しい！
ふおっ
すっごく柔らかくてとろける！
こしあん美味しい…
へそのことは忘れ、幸せ気分に…
視力の低い夫には目薬の木茶をティーバッグに入っているのは茶葉ではなく、樹木の皮…？
そのお味は…お茶というより樹木そのもの…リラックスする感じ…
リラックス効果ある…
ほわー…
どう？目が良くなりそう？
いや、私はこれ以上目がよくなったら職業を猟師さんとかにするしかないレベル…
左右2.0
ボクが飲まなきゃ…
夫が一番気に入ったのは「薬師湯」
健康長寿飲料
薬師湯
新井薬師梅照院
これ、弘福寺の「せき止め飴」と似てる…生姜が効いていて喉にじんわりくる…
バームクーヘンは特に好評！
塩瀬総本家って和菓子のお店でしょ？洋菓子もこんなに美味しいのを作るんだね
これ、箱が桐？すごくいい香りだし、高級感あるよね…
ミーのお弁当箱にしたい！
ワイ ワイ
「お福分け」すると1日回ってきた幸せ気分を追体験できる感じがするのがいいなあ…と改めて思ったのでした

後日談
雨女なんて迷信だよ〜
ハハ…
と娘のパルリにはいっていましたが

イベントになると雨が降るな…
ザーーッ
えんそく、中止?!
わーん

今回、気象神社で2種類の「晴守」をいただいたのでランドセルといつも使っているリュックに付けてみたところ…
晴守
晴守
気象神社
桐箱入り

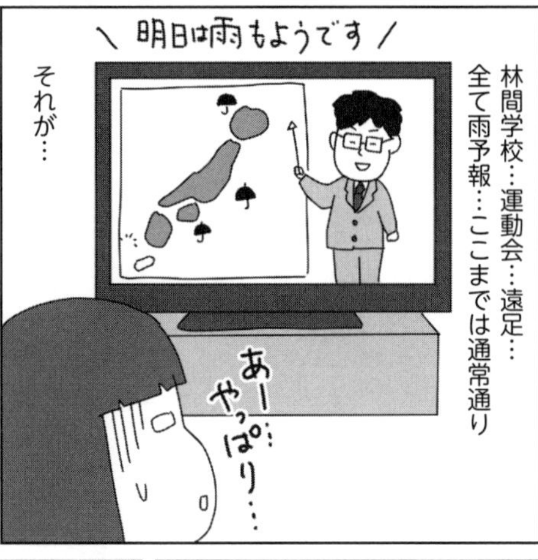
林間学校…運動会…遠足…全て雨予報…ここまでは通常通り
＼明日は雨もようです／
それが…
あーやっぱり…

当日晴れる!
嘘でしょ?
いってきまーす
=3 =3

家族旅行中、移動の電車の中で雨が降っても
ザーーー
あらら…降っちゃったねえ…

ピカピカ
降りると止んでる…
○×温泉駅
わーい!!

あまりにもこういうことが度重なり…気象神社に畏怖の念を感じました…
疑ってたわけ?
八意思兼命↓
雨降らしちゃうよ?!
もー
申し訳ありませんでした!

巡った社寺数も最大！
総歩数 23898歩！

〈 中野区・杉並区まとめ 〉

「参道めし」最大の約24000歩の大冒険！眼病平癒から学業成就、更にはお天気まで。ちょっとした非日常を味わった

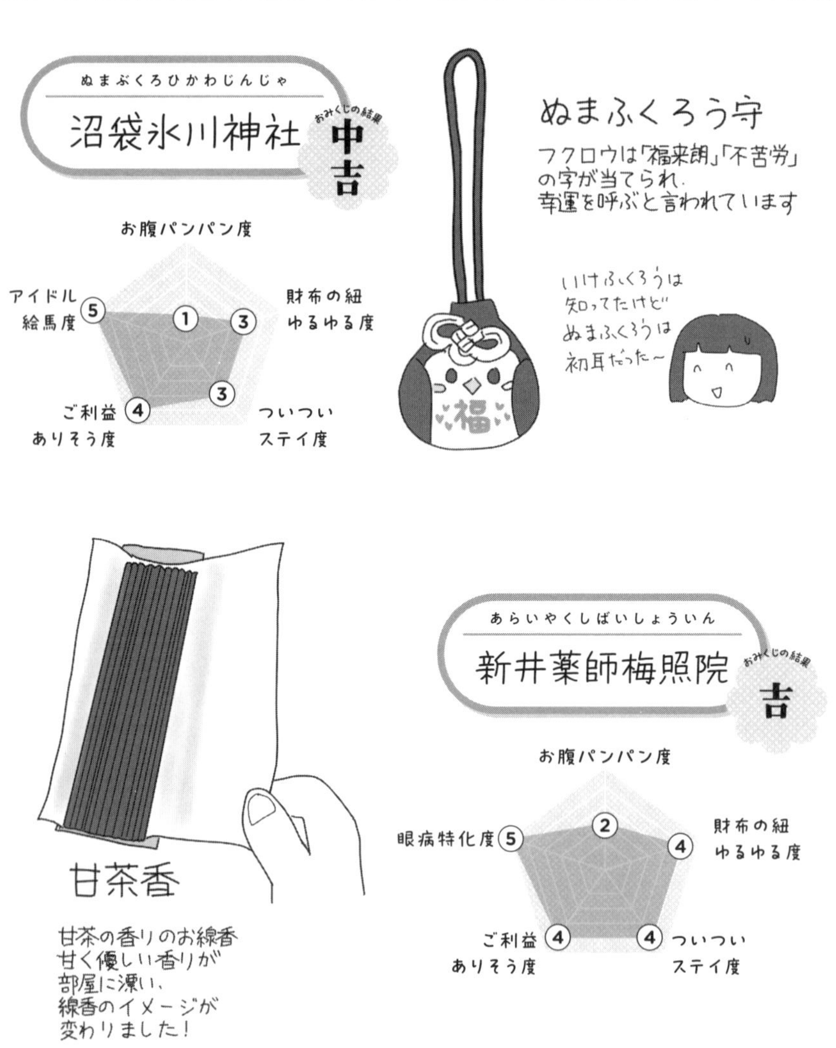

ぬまぶくろひかわじんじゃ
沼袋氷川神社
おみくじの結果
中吉
お腹パンパン度 1
財布の紐ゆるゆる度 3
ついついステイ度 3
ご利益ありそう度 4
アイドル絵馬度 5
ぬまふくろう守
フクロウは「福来朗」「不苦労」の字が当てられ、幸運を呼ぶと言われています
いけふくろうは知ってたけど ぬまふくろうは初耳だった～
福
甘茶香
甘茶の香りのお線香 甘く優しい香りが部屋に漂い、線香のイメージが変わりました！
あらいやくしばいしょういん
新井薬師梅照院
おみくじの結果
吉
お腹パンパン度 2
財布の紐ゆるゆる度 4
ついついステイ度 4
ご利益ありそう度 4
眼病特化度 5

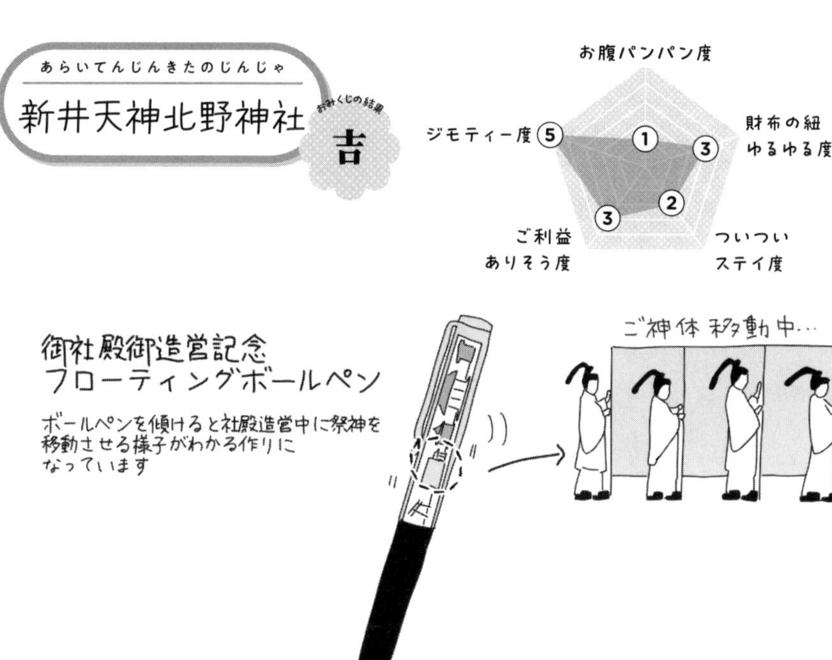
あらいてんじんきたのじんじゃ
新井天神北野神社
おみくじの結果
吉
お腹パンパン度
財布の紐ゆるゆる度
ついついステイ度
ご利益ありそう度
ジモティー度
①
③
②
③
⑤
御社殿御造営記念
フローティングボールペン
ボールペンを傾けると社殿造営中に祭神を移動させる様子がわかる作りになっています
ご神体移動中…

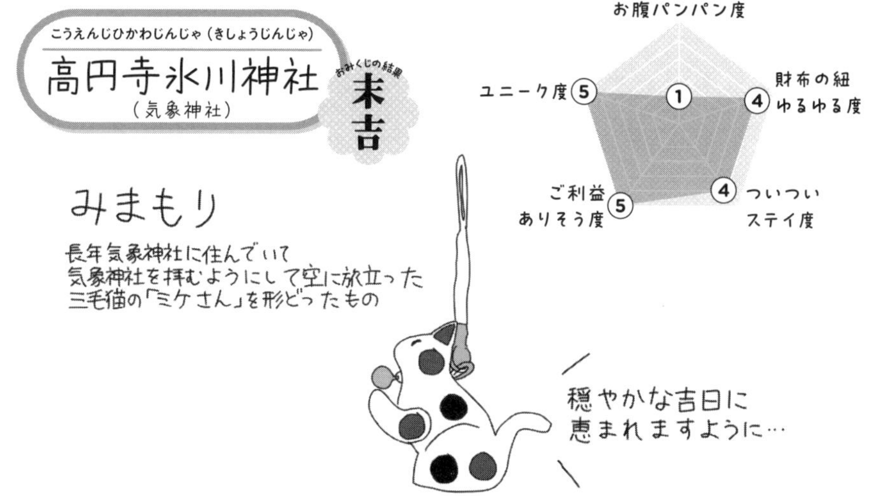
こうえんじひかわじんじゃ（きしょうじんじゃ）
高円寺氷川神社
（気象神社）
おみくじの結果
末吉
お腹パンパン度
財布の紐ゆるゆる度
ついついステイ度
ご利益ありそう度
ユニーク度
①
④
④
⑤
⑤
みまもり
長年気象神社に住んでいて
気象神社を拝むようにして空に旅立った
三毛猫の「ミケさん」を形どったもの
穏やかな吉日に
恵まれますように…

まばしいなりじんじゃ
馬橋稲荷神社

おみくじの結果 **吉**

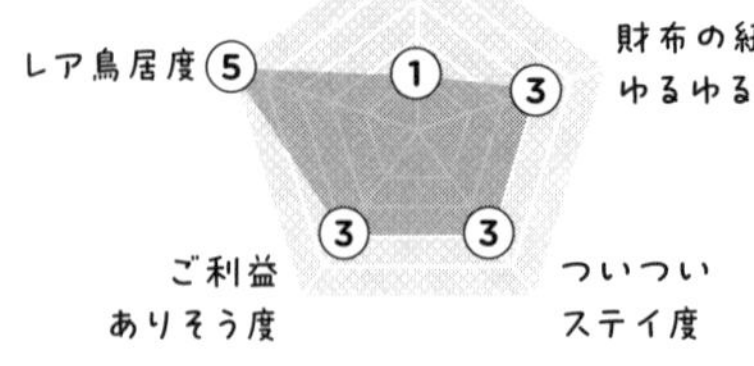
お腹パンパン度
財布の紐
ゆるゆる度
ついつい
ステイ度
ご利益
ありそう度
レア鳥居度
5
1
3
3
3

おみくじ
ぺんり〜♪

きつねみくじ

きつねがおみくじをくわえています
おみくじを外せばメモクリップと
しても利用可能！

大宮水
ありがたい
効能？？

多摩の大宮水

延命のご祈祷を
済ませてある
ミネラルウォーター

おおみやはちまんぐう
大宮八幡宮

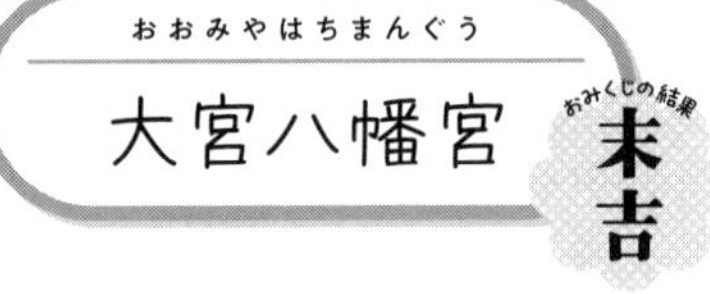

おみくじの結果 **末吉**

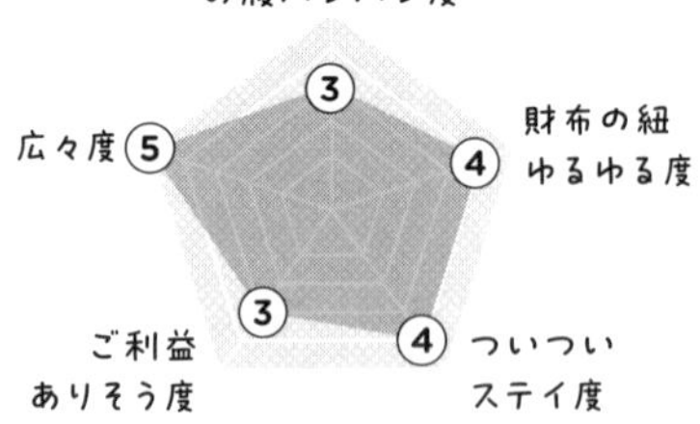
お腹パンパン度
財布の紐
ゆるゆる度
ついつい
ステイ度
ご利益
ありそう度
広々度
3
4
4
3
5

no.08

練馬区 板橋区

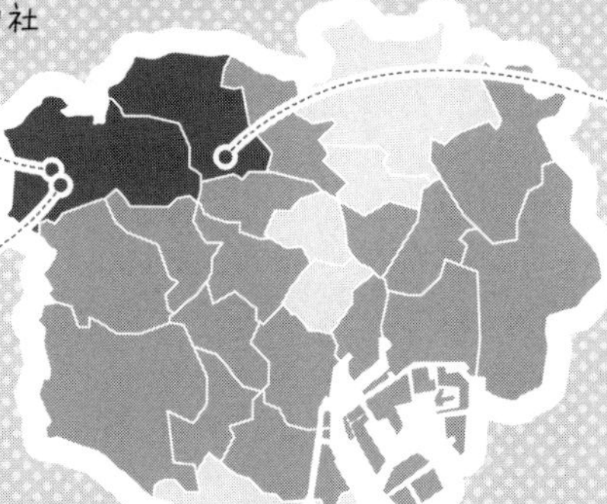
三宝寺池厳島神社
熊野町熊野神社
石神井氷川神社

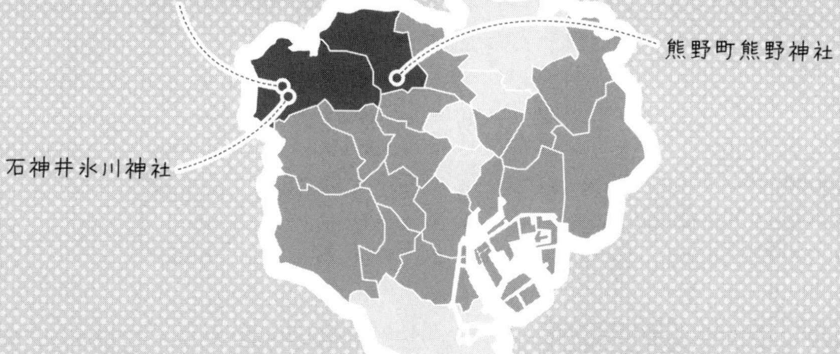

今回は23区の西側攻めよう第2弾！練馬区・板橋区を回ります
板橋区
練馬区
23区
社寺との由縁だけではなく、区を象徴する食にたくさん出合えそうです！

石神井公園駅で集合！
石神井公園駅
まず石神井公園に向かいます〜！
あれ？ お寺とか神社は行かずに？

← Nさんは紙の地図を愛用する"地図の読める女"です。

石神井公園の中に神社があるのでそこに向かいますよ〜
北の方向だから…
MAP
公園の中に神社…？

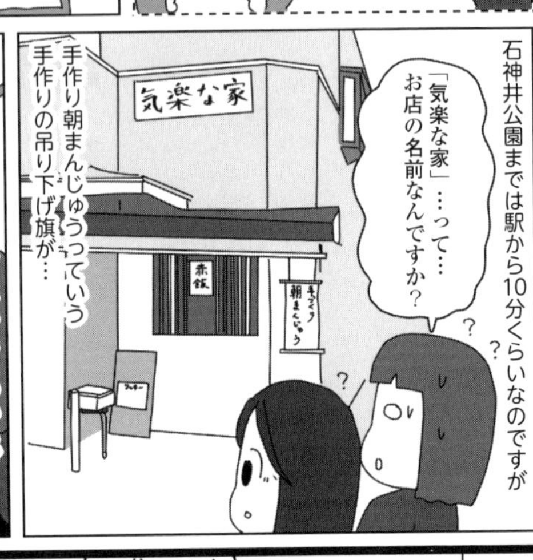
石神井公園までは駅から10分くらいなのですが
「気楽な家」…って…お店の名前なんですか？
気楽な家
赤飯
手づくり朝まんじゅう
手作り朝まんじゅうっていう手作りの吊り下げ旗が…

入り口を見ても何屋さんかよくわからず…
たしかに気楽な雰囲気はありますね…

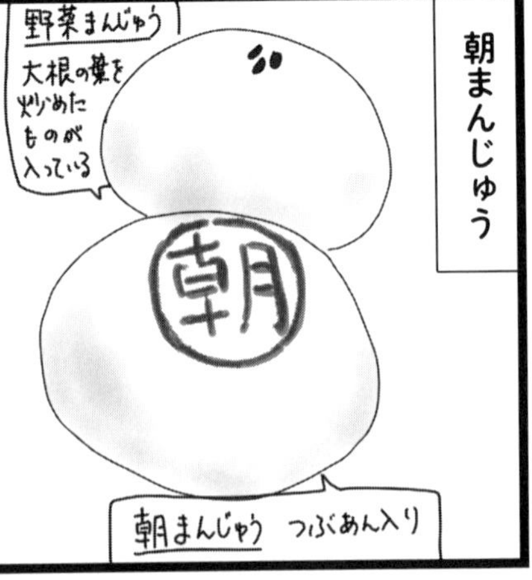
朝まんじゅう
野菜まんじゅう
大根の葉を炒めたものが入っている
朝
朝まんじゅう　つぶあん入り

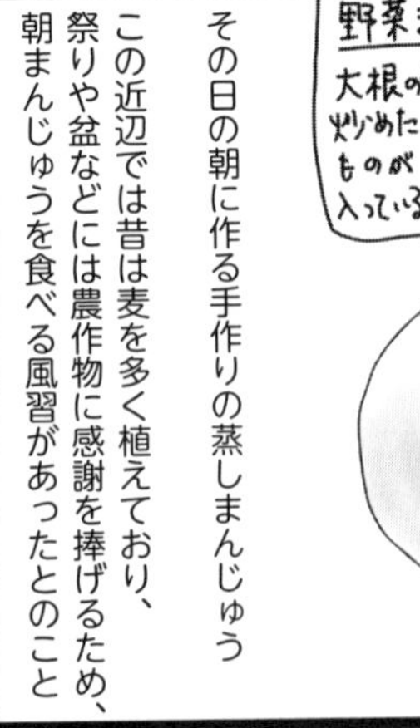
その日の朝に作る手作りの蒸しまんじゅう
この近辺では昔は麦を多く植えており、祭りや盆などには農作物に感謝を捧げるため、朝まんじゅうを食べる風習があったとのこと

赤飯おにぎりも買っちゃった…
朝食がわりに歩きながら食べちゃいましょうか！

朝まんじゅうは
ふかふかして
美味しい…
ふぉ～
粒あん、
甘すぎなくて
やさしい
お味ですね
はむっ
はむっ

野菜まんじゅうは大根の葉っぱを炒めたものが入ってる！
味噌と砂糖の
甘みもあって
食が進む感じ…
ご飯と合わせると
いくらでも食べられる系
の味ですよね

そして赤飯おにぎりまでしっかり食べた頃…
石神井氷川神社
あれ、
ここに神社
ありますね？
おなじみの
氷川神社、
ですね…

氷川神社の主神はおなじみ須佐之男命ですが
この地に氷川神社ができた由縁は…

石神井城
我々のところにも…
来て…！
OK～

室町時代にこの地を治めていた豊島氏が
守り神として大宮の氷川神社から
御分霊を勧請したのがはじまり

ちなみに豊島氏は太田道灌に攻め入られ、
石神井城主豊島泰経と息女照姫は三宝寺池に
身を投げて自害してしまったという
言い伝えがあります…
池で…？
ガイドブックには
そう書いてあります…
照姫

石神井城落城後もこの神社に対する村民の
思いは強く、大切にされてきました
たしかに、
地元の方々が
次々にお参り
されてますね
若い方も…

氷川神社は厄除けなど悪いものを祓う力が強い須佐之男命が主神なので、日々の暮らしの中で災いが起こらないように再三お願い…

同じ願いばかりで申し訳ないけど
またお前たちか！って顔覚えてもらったら嬉しいですよね！
ま、また来たの？ありがとねー…
そういうの、オタクの中では「やらかし」っていわれる時も…

本殿の横に不思議な板が…
めくれるようになってる…
数字が書いてありますね
説明書きもないので何かよくわからず、そのまま授与所へ

授与所でおみくじを引いた後…
あ、これは！茅の輪！
蘇民将来子孫也
蘇民将来の名前もちゃんと書かれていますね（P97）

こちらは1つ1つ当社の神職が作っているんです文字も手書きで…
え？プリントかと思うほど美文字…

茅の輪くぐりは大きいですけど、これだと持ち歩いたり、好きなところに飾れますね
私は会社のデスクに置きます…
トラブル除けに…
罪や穢れを落として、子孫まで守っていただけるように須佐之男命に2人ともいただき…

先程不思議に思った板のことを聞いてみると…
あれはお百度参りで使われていたものなんです
数を忘れてしまわないように、お参りをするたびにあの板をひっくり返していたそうです
八十二…
たしかに…カウンターとか昔はないですもんね…
石神井氷川神社を出るとすぐ隣が石神井公園です
これから「厳島神社」に行くんですけど…
広島の…？
厳島神社は日本全国に500社ほどあるんですその総本社が広島の厳島神社です
主神は市寸島比売命
父は須佐之男命です
市寸島比売命ストーリー
イザナミ
お母さんに会いたい〜!!
だったら伊邪那美のいる冥界に行って！
イザナギ
わーん
スサノオ
冥界に行く前に姉の天照大御神に会いに行くと、
高天原を奪いにきた？
怖っ!!
と勘違いされたため
あとずさりっ
そんなわけないでしょ？
あ!!
お互いの持ち物を交換して口で噛んだものを吹き出して神を産めたら嘘じゃないっていう占いしよう！
え…占いで?!
勾玉…
剣あげる!!
フゥ〜
フゥ〜
その時に天照大御神が生み出した3人の女神のうちの一人が市寸島比売命です
美人で有名で美容にもご利益あります♡
市寸島というのは「聖なる島」を表し、特に海上交通を守る神様として信仰されていました

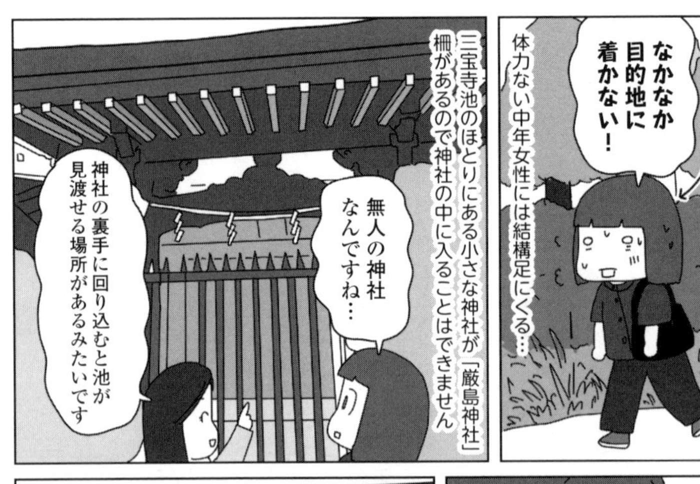
石神井公園は東京ドーム5個分の広さがあるので
のどかな場所で散歩にいいですけど…
アラフォー
アラフィフ
なかなか目的地に着かない！
体力ない中年女性には結構足にくる…
三宝寺池のほとりにある小さな神社が「厳島神社」
柵があるので神社の中に入ることはできません
無人の神社なんですね…
神社の裏手に回り込むと池が見渡せる場所があるみたいです

わー。池が一望できるいい場所！
地元の方の憩いの場所って感じがしますね

市寸島比売命は美容健康のご利益もあるとかで
まあ…
ぜひ…！あやかりたい…！
必死！
真剣に祈りを捧げました…

照姫が身を投げたといわれているのがこの池なんですよね…
しんみり…
今は静かでのどかな場所ですけどね

池のほとりを歩いていると、水面と地面が近くてなんだか引き込まれるような感じが…
不思議なんですけど高いところを歩いているようなキュンとくる感覚が…
私も、同じこと思いました！
平地なのになぜか足元を確認しながら石神井公園を後にしました

石神井公園を出て歩いてしばらく進むと…
ここは農協の直売所です
わー！野菜が安い…
色々と買っていきたくなる野菜の充実度！なのですが…練馬といえば有名なあの野菜…
そう、※練馬大根はない！
生産量が激減して今では幻の野菜といわれているそうです
そんな貴重な大根を使って作った商品が買えるんですね…！
「JA東京あおば」で買ったもの
練馬大根ドレッシング
練馬大根ゆずぽん酢醤油
カステラ切り落とし
ゆず大根浅漬け
柚子大根の漬物を作った漬物屋さんがカステラも作っているそうです
カステラの切れ端、めちゃ安ですね…！
お土産ずっしり購入し…
もう1つ買っておきたいお菓子が…
洋菓子店 カシュカシュ
Patisserie Cache-Cache
このお菓子を買っていきましょう！
カシュカシュの「照姫夢物語」
照姫夢物語
三宝寺池に豊島泰経が身を投げた時に白馬に金の乗鞍をつけたまま池に身を投げ、娘の照姫も後を追ったという言い伝えをもとにして…
「金」つながりで照姫をイメージしたこのお菓子が生まれたそうです
金塊の形に似せて作られるフィナンシェと
バターたっぷりのぜいたくな口あたりとアーモンドの香ばしさ!!
ふぃなんしぇ？
照姫が洋菓子となって偲ばれるというのも面白いですね
お土産に買っていきましょう

※練馬大根は、直売所では毎年11月下旬から12月下旬頃にかけて出荷されています。

パンも買って石神井公園に戻り、池沿いのベンチで遅いランチを取り…
アオサギ！
のんびり〜
カモもいますね〜

照姫が身を投げた池のほとりで姫を偲びつつ…
口に含むとジュワーっとバターが滲み出てくる感じ
デザートにさっき買った照姫夢物語も食べちゃいます！
じゅわわ〜！独特の香ばしさ…めっちゃしっとり〜！
ほのぼのとした時間を過ごしていたのですが…

Nさんの顔が急に青くなり…

大変です…次に行きたい板橋のお寺…閉門時間がかなり早いみたいです！

え、ギリ到着としても参拝できないですよね

いつかやらかすと思ってた…
一旦この日は解散して仕切り直すことに

家に帰ってお福分け
つけものウマッ!!
練馬大根ウマっ！
ドレッシングうまっ!!
ぱーっ

ポン酢は焼肉や餃子のタレにも使えるらしい！
パーッ
タレ・ドレッシング大好き→

カステラを美味しく食べている時
板橋は別の日に行くことにしたんだけどね

えー1回くらいミーも行きたい

板橋、うちからも近いよね

まさかの立候補…！

え？

というわけで
回りきれなかった板橋なんですけど、家族が行ってみたいって言い出してる
私たちで回ってきてもいいですか？
えー!! いいんですか?! 番外編って感じで面白そうですね！
ありがとう
Nさんからの OKもいただき…
板橋区はくぼ家で巡ります！
家族で楽しめそうなコースを考えてみたよ！
私の気になる場所に家族を連れていっちゃおうという魂胆だけど…
朝8時…まだ眠いよ〜
ここって池袋だから豊島区だけど…目的地は板橋区じゃなかったっけ？
池袋からちょっと歩くとすぐに板橋区の区境なんだよ だからここから歩くよ〜
板橋区
池袋
豊島区
新宿区
最初にかりんとう工場に向かいます！
黒糖かりんとう大好き！
あるボーイズグループのメンバーがここのかりんとうが大好きでスタッフや他のタレントにも配ってるのがSNSで広まって今や聖地になってるの…
あー、Lくんか！オーディションの時からよく見てるよね
このかりんとうって神社とかご利益とか関係あるの？
あります 私的には…
工場のすぐ近くに神社があるの…！
公私混同してすみません!!
ハァッ
ハァッ…
中野製菓
毎週水曜日と土曜日に工場直売をやっていて、出来立てのかりんとうが買えるそうなのですが
既に人が集まってる！
ワイ
ワイ

※かりんとうは、神社と直接関係があるものではありませんが、神社へ向かう際に出合うため、ここでは参道めしとしています。

中に入ってびっくり！
少し壊れたりくっついている「久助」も販売！
大袋で120円と格安！
安い！
どっさり
※久助でない通常の商品も買えます

既に売り切れの商品もあるって…
すごい人気だね…
えー!!

「板橋のいっぴん」にも選ばれた黒糖かりん糖
塩かりんとうも購入
どれも美味しそうでエコバッグいっぱいに買ってしまいましたが…
いっぱい買ったのに840円!

Lくんの写真とサインも飾られていたので眺めていると
中野製
ファンの方ですか？

あー！Lくんファンにも有名な中野製菓社長さん！
ニコニコ…

ファ、ファンクラブに入ってない者が…ファンだなんて…申し訳ない…！
ファンの方、すみません…
でも話の内容から社長には割とファンであることがバレました…
けっこうファンじゃないですか〜!!

中野製菓を後にして、歩いて数分のところにある神社へ
熊野町熊野神社
国道と首都高の交差点にあってザ・都会の神社だね
でも、なんだか静かな空気が漂ってて不思議…

まずは本殿に参拝
こちらの御祭神は伊邪那美命（いざなみのみこと）・速玉之男命（はやたまのおおみこと）・事解之男命（ことさかのおのみこと）・八咫烏（やたがらす）ですが…
オギャー
ギャー
あつい!!
い、伊邪那美命って火の神様を産んで焼け死んでしまった神様？
子どもにも強烈エピソードが印象深かったようです…
それそれー…

本殿手前にある記念碑に鎮座する「撫でくま夫婦」
なでると良い事が起きるそうです♡
熊野町熊野神社という名前からこちらの神社は「くまくま神社」と呼ばれているそうです
くまのモチーフがすごく可愛い！
本殿参拝後授与所にて…
厄割良縁玉
3つ買った
導きの御神酒
飲んで良し！料理に使って良し!!
御神酒
あらゆる導きを招く!!
八咫烏おみくじ
あらゆる災いを枯らす（カラス）
おみくじ入り

境内にある「厄割良縁石」に自分の厄を込めてぶつけて玉が割れれば厄祓いできるということで…

既に割れた破片がいっぱい…

あれだ!!

家族3人とも木っ端微塵に割って無事に厄祓い＋良縁をいただけそうです
パーン

小さい神社でしたがなんと1時間ほど滞在…
摂末社も参拝しましたが
伏見稲荷神社（宇迦之御魂神）
出世不動尊（不動明王）
厳島神社（市杵島姫命）
知り合いの神様増えたなあ…なんて…

家に帰って恒例のお福分けといきたいですが今回は家族で回ったので振り返りです！
Lくん効果でかりんとう爆発的に売れてるっていってたし…商売繁盛のご利益ありかも？

大人は御神徳が込められた御神酒を少しいただきながら…
本当に少しだけ…
御神酒

何となく良いことありそうなかりんとうパーティを開いたのでした

そしてたくさん買ったかりんとうは3日で無くなりました…

またもや大台
総歩数
20371歩！
※練馬区を巡った日

唯一の2部構成！

〈 練馬区・板橋区まとめ 〉

の〜んびりお散歩＋名産に魅了されていたら時間オーバー！ 別日に家族で、かわいい神社とお菓子工場で盛り上がった

さんぼうじいけいつくしまじんじゃ

三宝寺池厳島神社

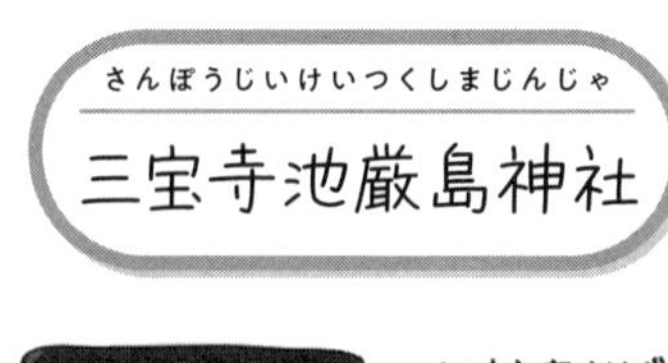
お腹パンパン度 0
財布の紐ゆるゆる度 0
ついついステイ度 1
ご利益ありそう度 2
景色なじみ度 5

JA東京あおばの
甘藍（キャベツ）の碑

練馬大根に代わり
生産量が増えていった
キャベツを称え
生産者の労を労う碑

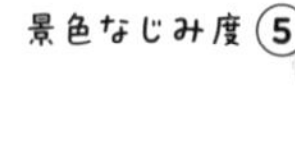

しゃくじいひかわじんじゃ

石神井氷川神社

おみくじの結果 末吉

作業安全御守

今まで見たことのない御守
でしたので、
エンジニアで実験の多い
夫に贈りました

ありがとー！

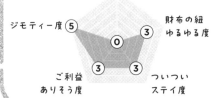

お腹パンパン度 0
財布の紐ゆるゆる度 3
ついついステイ度 3
ご利益ありそう度 3
ジモティー度 5

通称「くまくま神社」

くまのちょうくまのじんじゃ

熊野町熊野神社

おみくじの結果 中吉

くま絵馬

顔は自分で
描く

お腹パンパン度 1
財布の紐ゆるゆる度 4
ついついステイ度 5
ご利益ありそう度 4
色々可愛い♡度 5

no.09

大田区 港区

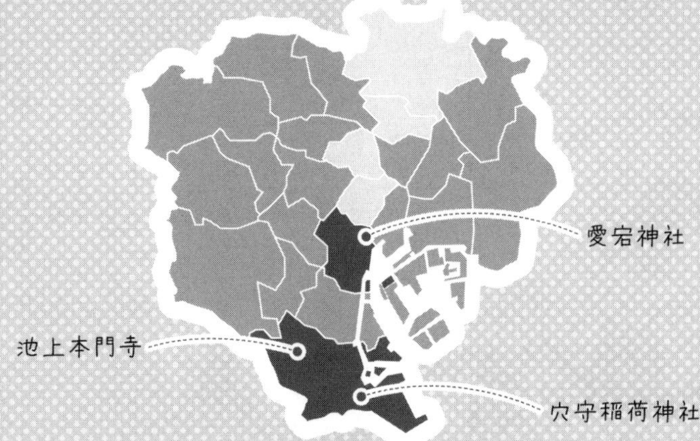

愛宕神社
池上本門寺
穴守稲荷神社

今回は23区の南側を食べ歩きます！
おなじみの食べ物の珍しい形を発見できそうですよ〜
港区
大田区
大田区にある京急「穴守稲荷駅」で待ち合わせ
羽田空港から近い駅ですね
最初に向かうのは「穴守稲荷神社」です！
駅前にいきなり鳥居が？ 穴守稲荷神社…？ え、もう到着？
いえ、神社までは少し歩きますよ〜

徒歩約3分で到着 表参道を通り…
結構大きな神社ですね…

すごく色あざやかできれい…
あ、ここにも茅の輪くぐりが！
鳥居にかかってるから絶対に茅の輪くぐりをしなくてはならなそうな圧が…

鳥居の脇に立て看板があり、茅の輪くぐりの仕方が書いてあるのですが…

あれ、他の神社では見当たらなかった告知が…

茅の輪をくぐる際は一礼してから次の唱言葉を繰り返し奉唱します
一回目 みなつきのなごしの祓する人は千年の命のぶといふなり
二回目 思ふことみなつきぬとて麻の葉をきりにきりても祓ひつるかな
三回目 蘇民将来・蘇民将来…

え。こんな長い文章を？ 覚えられない…
スマホで撮影しましょう…
カシャッ カシャッ

今時な茅の輪くぐり…
スマホ頼み…
え〜と… みなつきのなごしの…

まずは拝殿でご挨拶をさせていただきますが…
こちらの神社の主神は豊受姫命（とようけひめのみこと）です
あれ？ 今まで行った稲荷神社は宇迦之御魂神（うかのみたまのかみ）を祀っていましたけど…
少しくやしくなってきた

豊受姫命は食物・穀物を司る女神でこれまた穀物の神であった宇迦之御魂神と同一視されることも多く…
同一視って言われてもね…
聞いてないんですけど…
宇迦之御魂神
豊受姫神
どっち？
こちらの穴守稲荷神社では宇迦之御魂神ではなく豊受姫命を主神としています

名前や由来は違えど、同じ力を持っているからどちらも稲荷神でOK！ となったわけですね…
ちょっとちょっと
OK！ かはわかりませんが…
OKとは言ってないけど

五穀豊穣・大漁満足・商売繁昌など様々なご利益があります
羽田空港も近いことから航空安全も祈られてきましたし…
他にも芸能上達というご利益もあるそうですよ

スラスラと絵が描けるようになりますように…
え？ 漫画家ですよね？

私は会社を辞めて描いたこと無いのに漫画家になったんで、描き方がいまいちわかってなくて
しかも40歳すぎてから…
えーと、それは真剣に祈りましょう

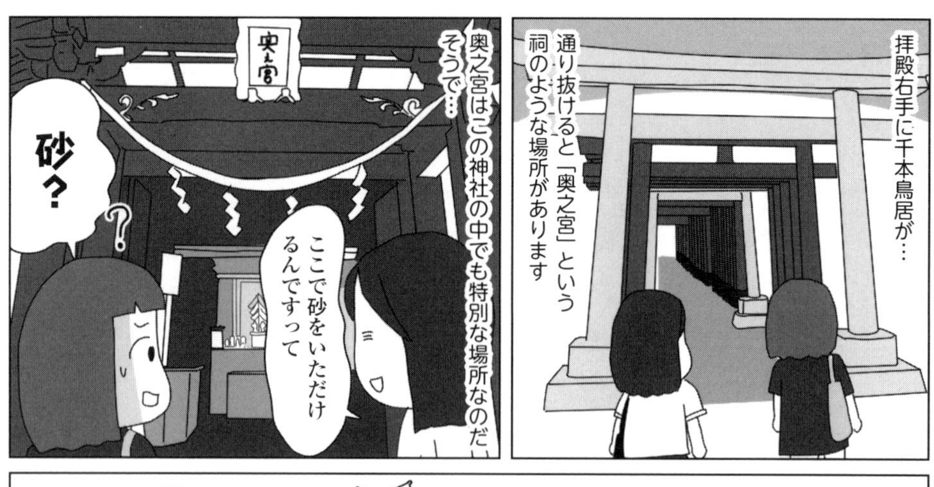
拝殿右手に千本鳥居が…
通り抜けると「奥之宮」という祠のような場所があります
奥之宮
奥之宮はこの神社の中でも特別な場所なのだそうで…
ここで砂をいただけるんですって
砂？

御神砂（おすな）ものがたり
昔、穴守に漁をして暮らす老夫婦がいました
ある日、夫が漁に出るとたくさんの魚が採れたので籠に入れて帰ったら
籠には魚じゃなくて湿った砂が！
翌日も同じことが続き
釣れた〜
えーっ！
村人たちは
穴守稲荷に住んでいる狐の悪さだ 捕まえて殺せ！
といいましたが
ワー
ワー
可愛そうだからそんなことはできない
と狐を放してやったところ
さあ、お逃げ…
わー！

その後は毎日大漁！
しかしその籠にはなぜか砂がいつも付いていたそうな…
ありがとう…
それを聞いた村人たちは穴守稲荷にこぞって参詣
砂を持ち帰り魚の籠に入れると大漁！
家にまくとお客が増えて商売繁盛
そんな噂が流れ、穴守稲荷にはたくさんの人がやってくるようになり、栄えたのでした
めでたしめでたし…
へー！そんなありがたいお砂が
ギラ ギラ
ぜひいただいて帰ろう…
封筒に入れて持ち帰れる

そして裏手に回ると山が…
稲荷山伏見稲荷大社のご神体山である山城国稲荷山を模しているそうです
なんか全体的に新しいですね階段で登れる山…
2020年にできたそうですよ

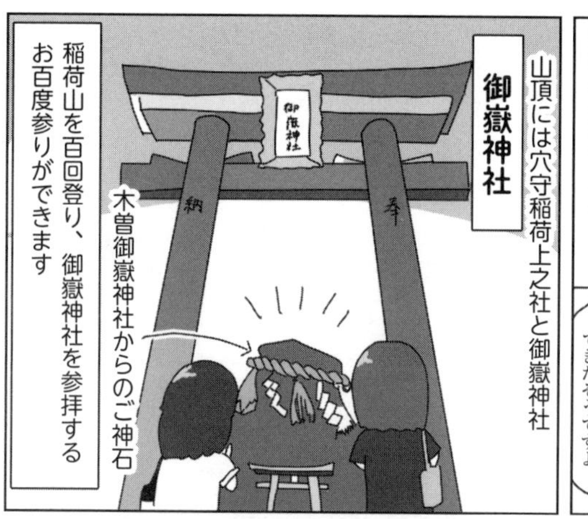
山頂には穴守稲荷上之社と御嶽神社
御嶽神社
木曽御嶽神社からのご神石
稲荷山を百回登り、御嶽神社を参拝するお百度参りができます

稲荷山を下山した後…
水琴窟にお水をかけてみましょう!
水琴窟?

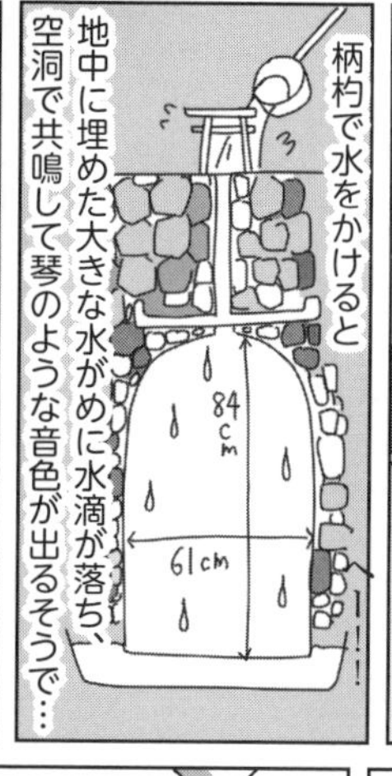
柄杓で水をかけると
84cm
61cm
地中に埋めた大きな水がめに水滴が落ち、空洞で共鳴して琴のような音色が出るそうで…
!!!

カーン
カーン…
透き通ったきれいな音色…
すごく心がスッキリする感覚がありました

最後に授与所へ…おみくじを引きましたが…
げえええええっ!
きょ、凶!
待ち人来ず…
全部来ない!!
ククッ
あわわわわ…メッセージをきちんと読んでから…
これから先は運気が上がるってことですよ!

今度は中吉…
ホッ
おみくじはあくまで人生のちょっとしたアドバイスですよ〜

水琴鈴狐
水琴窟の音色のような音がする鈴
カーン
とてもキレイな音…
戒められたことを思い出せるようにこの鈴を常に鳴らすようにします…

結局2度目を引いてしまいました

穴守稲荷を後にして…「磯崎家」さんへ
あ、ここで最中を買っていきたいです！
最中…？

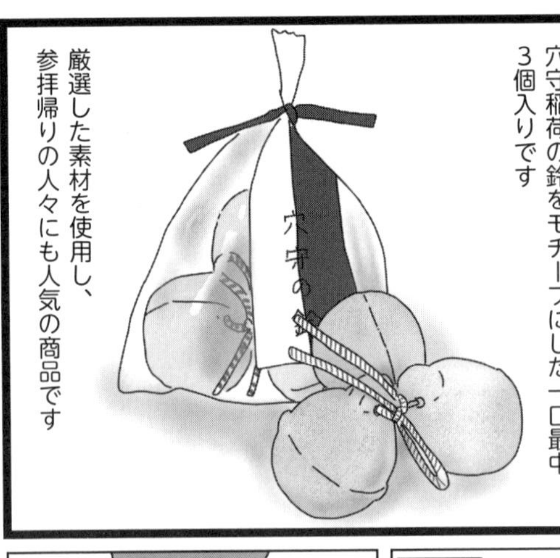
磯崎家の穴守の鈴
穴守稲荷の鈴をモチーフにした一口最中、3個入りです
厳選した素材を使用し、参拝帰りの人々にも人気の商品です
穴守の鈴

か、可愛い！
最中がまんまで…パッケージも愛らしい！
ぜひ買って帰りましょう！
Nメモ

さて、次は同じ大田区内を電車と徒歩で移動し…「池上本門寺」に向かいます！
穴守稲荷
池上本門寺
池上
京急蒲田
京急蒲田
徒歩
多摩川
穴守稲荷駅から京急蒲田駅まで移動
京急蒲田駅から東急蒲田駅まで徒歩で
そこから東急池上線で池上駅に向かいます
池上駅に到着！
30分以上かかりましたね～
大田区は23区内で一番広いですから！

駅前にもう「池上本門寺通り」が
本門寺通り

まっすぐ歩くとなんか奥の方から圧を感じるのは…

ドドーーーン
本門寺
すごい威厳ある総門!!!
入り口から威厳がすごいですね…

階段を上がり仁王門をくぐると
立派なお寺ですね…

ドーーン!
23区内と思えない広い空間が!
すごい広大な空間ですね…

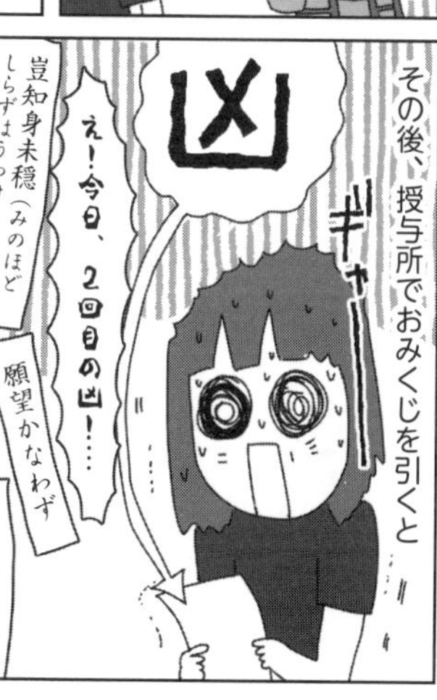
日蓮宗の宗祖である日蓮聖人が亡くなられたのが今の本門寺の場所なのだそうです
病気療養のために移動中だったんで
そんな由縁があるお寺なのですね
日蓮さま

まずはとても広い大堂で参拝…
参拝する人多いんだろうなぁ
多くの人々が心願成就を願ってきた場所…

参拝の仕方が貼ってあった
の仕方
柏手を打たず合掌してお参り下さい
日蓮宗ですから南無妙法蓮華経って唱えるのかな? と思いましたが…静かに合掌すれば良いということで自分なりに祈りました

その後、授与所でおみくじを引くと
凶
ギャー
え! 今日、2回目の凶!…
豈知身未穏(みのほどしらずはうつけものなり)
願望かなわず
待人 来らず
落ち込むメッセージが満載の一枚…

おみくじはメッセージです内容をよく読んで、いいように受け止めましょう!
大丈夫ですよ!
まっ白
励ましをいただいたが不安で…

もう一度引くと…大吉!!
凶のおみくじでいただいたメッセージは忘れず、頑張ります!

凶のショックから立ち直り授与所で授与品を見ていると…
浄行様お身拭い手ぬぐい？
お寺の方に聞いてみると…
前
後
印
印
どこかお悪いところがありましたらお身拭い手ぬぐいに1枚2箇所まで印を押します
その手ぬぐいで当寺にいらっしゃる浄行菩薩像をお身拭いして、その手ぬぐいをお持ち帰りください
ご自宅で入浴される時にその手ぬぐいでお題目を唱えながら患部を拭うと良くなるといわれているんですよ…
ゴシ
ゴシ
ゴシゴシって
じゃあ、1枚お願いします
どちらに印を押されますか？
えーと…まず頭が…あと腰が痛いです…
後頭部が…
それでは後頭部と腰に押させていただきますね…
日朝堂というお堂前にいらっしゃる浄行菩薩像を丁寧に拭い…
日朝堂にも参拝…、室町時代の僧で大学者、日朝上人をお祀りするお堂です
日朝上人は61歳の時に勉学のため著しく目を悪くされましたが、後に視力が回復したことから、眼病平癒、学業成就の神様として親しまれています
目が良すぎて作業が辛いです…
日朝様もそういう悩みはあまり聞いたこと無いかもしれません…

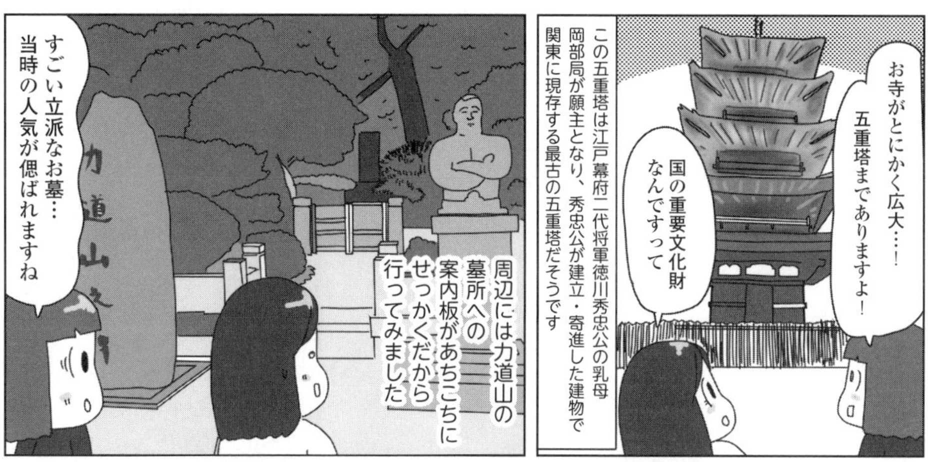
お寺がとにかく広大…！
五重塔までありますよ！
国の重要文化財なんですって
この五重塔は江戸幕府二代将軍徳川秀忠公の乳母岡部局が願主となり、秀忠公が建立・寄進した建物で関東に現存する最古の五重塔だそうです
周辺には力道山の墓所への案内板があちこちにせっかくだから行ってみました
すごい立派なお墓…当時の人気が偲ばれますね

ちょうどランチタイムになったので…
お休み処
お休処
お寺の中のお休み処で食べていきませんか？
私は本門寺そばの温かいのを、Nさんは冷たいのをオーダー！
本門寺そば
冷
わー
美味しそう!!
とろろ入り
お餅やごぼう天も入ってる
温

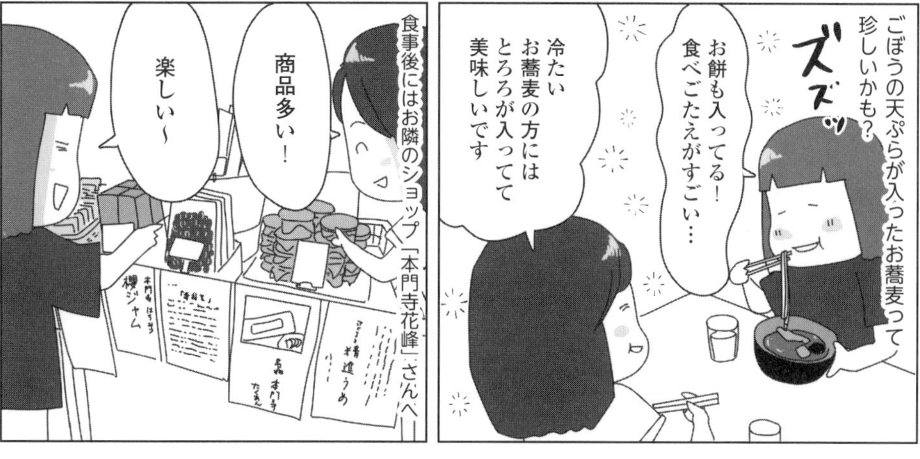
ごぼうの天ぷらが入ったお蕎麦って珍しいかも？
ズズッ
お餅も入ってる！食べごたえがすごい…
冷たいお蕎麦の方にはとろろが入ってて美味しいです
食事後にはお隣のショップ「本門寺花峰」さんへ
商品多い！
楽しい～

本門寺たくあん？
すごく立派…
醤油2度漬け？
美味しそう
本門寺たくあん

お山のお菓子

これは本門寺への来客の方に長年出されているおもてなしのお菓子だそうです

大本山 池上本門寺

上質な小麦粉を全卵だけで練り上げた生地を焼き、最高級の小豆あんを挟んだお菓子

元々お寺は山にあり、〇〇山●●寺と呼ばれることが多く、池上本門寺も正式名称は長栄山大国院本門寺というので「お山」と呼ばれていたとかで…程よい甘味が長く愛されているお菓子です

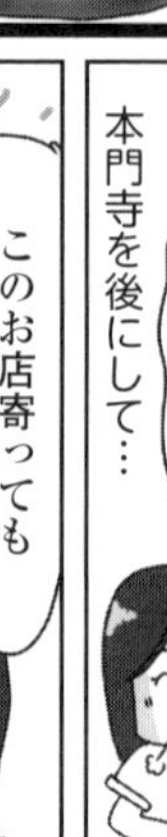
本門寺を後にして…

お菓子にたくあん…買っちゃいました
お腹も満たされましたね…

このお店寄ってもいいですか？
ごまのお店
ごまのお店…「いい友」？
「ごまおはぎ」が名物らしいのですが…
？

待って、これおはぎ？？
池上本門寺みやげ
ごまおはぎ
どう見ても、太巻きか伊達巻きしか想像できないフォルム…！

おはぎがのり巻き状に…？
入り口の看板
本門寺みやげ
1本のおはぎに金と黒のごまが…？

行列に並んで購入して…
既にバッグがぎゅうぎゅう
家で食べるのが楽しみ〜！
ここから電車を乗り継ぎ「愛宕神社」へ移動！
ずしっ
ずっしり…

港区に行くには品川区をそのまま飛び越えるので、池上から愛宕神社までは1時間近くかかってしまいました…

港区

池上

大田区

愛宕神社に到着して目に入ったのは…

え、待って…！

愛宕神社

愛宕神社は標高26メートルの愛宕山の山頂にあり、これは23区内で自然の地形としては最も高い山だそうです

わー！
真下から見ると
すごい急勾配！

86段あるそう
ですよ…！

愛宕神社

出世の石段

その名前の由来は…

徳川家光公が愛宕神社の下を通った時、愛宕山に咲く梅の花を見つけ…

馬に乗ってあの梅を取って参れ

愛宕山の石段はとても急なため誰も動こうとしなかったところを

しーーん

ムリ

どーーしよ…

曲垣平九郎という武士がこの石段を馬で駆け上がり梅の花を家光公に献上

エライ!!

日本一の
馬術の
名人じゃ！

いやぁ〜

あなたは日本一！

平九郎の名は1日で全国区に

とりあえず登ってみました
実際登るとかなり急ですね
ロッククライミング感覚…階段を登り切ると…
ハァ
ハァ
ハァ
ハァ
ハァ

※丹塗りの門
色あざやかでとても綺麗ですね！
愛宕神社
同じ丹塗りでも仁王門と違って、こちらは小ぶりで「家感」がありますね

※鳥居の朱色を「丹塗り」といいます。

主神は火の神である火産霊命（ほむすびのみこと）
母である伊邪那美命が出産の時に焼け死んでしまって…
怒った父伊邪那岐命に斬り殺されてしまった…
聞こえてますよ
ヒソヒソ
ヒソヒソ
母を焼死させてしまったので「仇子（あたご）」と呼ばれたのが愛宕の由来だそうで
あの神ですよね
こちらの神社では防火の神様として祀られています…
火力発電所などで機械を動かす時に「火を入れる」ということから、電力を大量消費する印刷やコンピューター関連にもご利益があるといわれています
マメ知識ね
あちっ
そんなご利益まで！

江戸の町も大火で何度も被害を受けていますから、火の神様が祀られるのは当然ですね…
私は防災をはじめ、日々の暮らしの安全に関してお願いさせていただきます

おみくじや授与品を求め終え…
英語版のおみくじ
大吉！
お清めの塩
出世の石段ボールペン
ミニだるま
神社にいた白猫
ニャ〜

愛宕神社内※「あたご茶屋」
暑いですし、ちょっと休憩しましょう〜！
夏季限定の名物メニューがあるらしいです！
んメそ

厄除け氷
愛宕神社で採れた※梅を使って作った梅シロップがたっぷりかかっています

※「あたご茶屋」は、2023年2月時点で閉店しています。
※梅シロップの梅は、敷地内の梅の他に、株分けした他所で栽培している梅も使用しています。

甘酸っぱくてさっぱりした梅の風味がとっても美味しい！
シロップがまんべんなくかかっているのでどこを食べても美味しいですね
美味しい上、厄除けなんて、一石二鳥！
とっても清々しい気持ちで愛宕神社の参拝を終え、本日はこれにて解散！
家に帰って…早速夕食にお福分けを！
これ今まで食べたたくあんの中で一番美味しいかも
ポリ
ポリ
ごはんがすすむ…
半世紀生きてきた人にとっても本門寺たくあんはとびきり美味しかった模様

食後のおやつも充実！
お山のお菓子、なんか昔ながらの…というかほっとする味だね
外側がサクッとして美味しいな～

ごまおはぎも食べちゃおう
え？のりまき？？

棒状のおはぎは半分が黒ごま、半分が金ごま
2種類のおはぎが1本で楽しめます！
スライスすれば…

完全に鉄火巻…
まん中にあんこ
もち米
黒ゴマ
でも…こっちのスタイルの方が食べやすいような気がする！
翌日は穴守稲荷で買った最中・どら焼きを…
穴守の鈴
穴守最中
こしあんたっぷり
羽田太鼓
栗が丸ごと1粒入り!!
お待ちなさい…
早く食べよ～…！

慎みを持って食べましょう…一人1つずつですよ…争い事はやめましょう…

今回2度の凶おみくじが慎み深さを生んだようでした

誰？

ママ？

平均的 総歩数 17044歩！

〈 大田区・港区まとめ 〉

おみくじ凶連発で折れかかった気持ちは厄除け氷でさっぱり流せた…はず！和菓子や漬物など和のお福分けがたくさんで心もほっこり

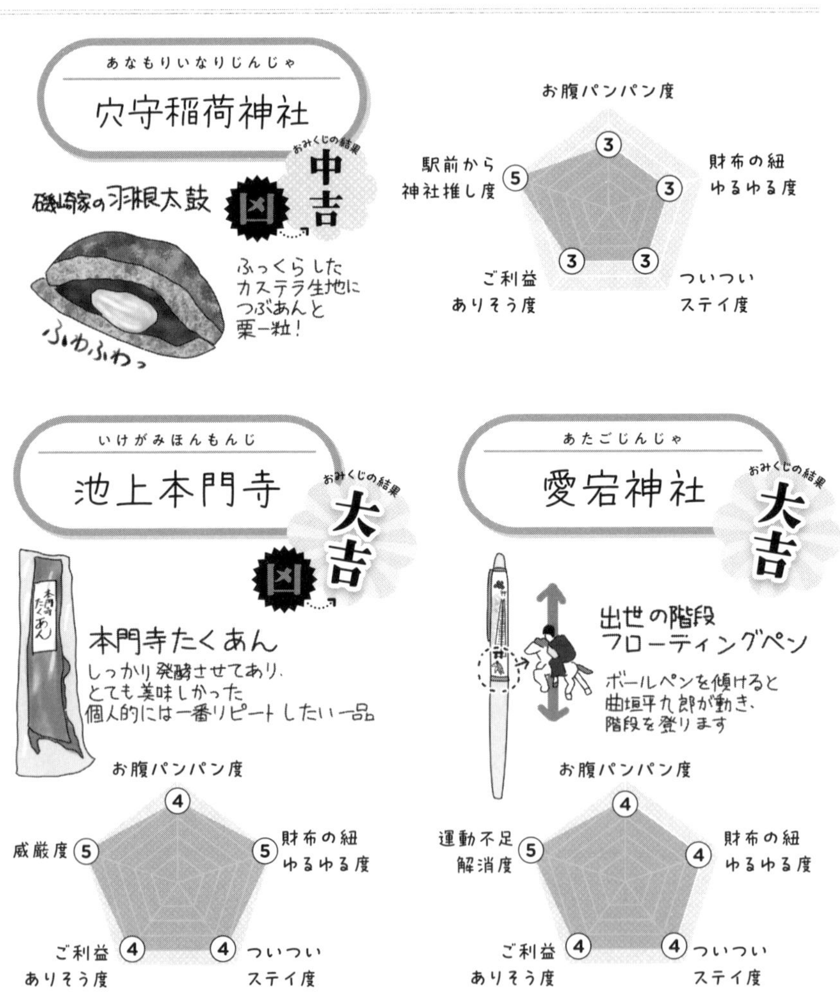

あなもりいなりじんじゃ
穴守稲荷神社
おみくじの結果
凶
中吉
磯崎家の羽根太鼓
ふっくらした
カステラ生地に
つぶあんと
栗一粒！
ふわふわっ
お腹パンパン度 3
財布の紐ゆるゆる度 3
ついついステイ度 3
ご利益ありそう度 3
駅前から神社推し度 5
いけがみほんもんじ
池上本門寺
おみくじの結果
凶
大吉
本門寺たくあん
しっかり発酵させてあり、
とても美味しかった
個人的には一番リピートしたい一品
お腹パンパン度 4
財布の紐ゆるゆる度 5
ついついステイ度 4
ご利益ありそう度 4
威厳度 5
あたごじんじゃ
愛宕神社
おみくじの結果
大吉
出世の階段
フローティングペン
ボールペンを傾けると
曲垣平九郎が動き、
階段を登ります
お腹パンパン度 4
財布の紐ゆるゆる度 4
ついついステイ度 4
ご利益ありそう度 4
運動不足解消度 5

no.10

文京区 足立区

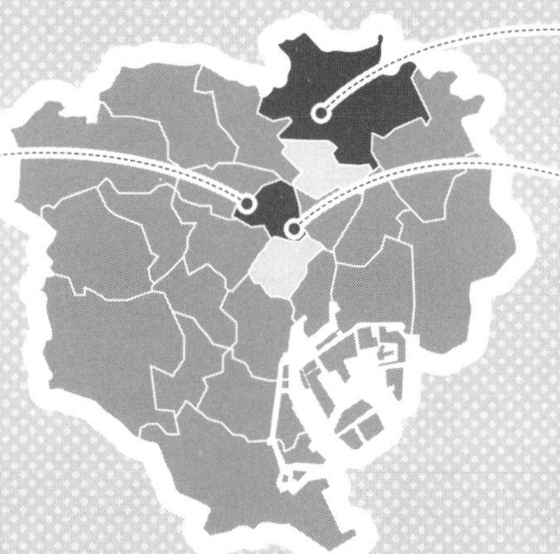
西新井大師
護国寺
湯島天満宮
（湯島天神）

名前は知ってるけど行ったことない社寺を巡る回です
荒川区
文京区
お土産、ランチ、食べ歩き、どれも満足できそうですよ

今日は文京区にある「護国寺」からスタートです
地下鉄有楽町線「護国寺駅」の目の前にあります
仁王門
巨大寺院の圧を感じますね
すごく立派な門！

仁王門をくぐると…階段の先にまた立派な門…
この門は不老門という名称なのですが
階段の上にあるからすごく大きく見えますよね…
不老
ハハッ
名前がやたら気になるアラフィフの私…
不老門をくぐると…小さめの大仏様が
奈良や鎌倉の大仏様を知っているからか小さく見えますね
ゴメンネ…
たしかに…
高さ2.5メートルの仏像で護国寺大仏として親しまれているそうです

失礼かもしれませんが…顔が…可愛いですね！
口角が上がっててなりたい唇ナンバーワンな感じ…
大仏…の中ではかなり小さめですが、表情に魅力がありファンが多いようです
大仏様は小ぶりだけど、護国寺自体はかなり巨大なお寺ですね…
周辺に高い建物が少ないせいか空も広く感じます…

本堂 観音堂（重要文化財）
江戸幕府第五代将軍徳川綱吉の母桂昌院が持っていた琥珀如意輪観世音菩薩像を御本尊としていて…
建物に威厳がありますね…

徳川綱吉が母桂昌院の発願で建立したお寺がこの護国寺です
お寺を作って!!
おねがい!!
お任せ下さい
ハハハ…

信心深い母の願いを聞きとげる…親孝行な息子…
生類憐れみの令はこの信心深い母の影響ともいわれていますよね…

綱吉の母桂昌院は低い身分（諸説あり）の出自ながら…
お玉でーす!
よしよし
将軍の母となり…
桂昌院サクセスストーリー
従一位よー
女性最高位の従一位の官位を賜ったので、その桂昌院が発願した護国寺には良縁や玉の輿といったご利益があるといわれてきました

良縁…! 玉の輿…!
Nさんの目が輝いたのを、くぼは見逃さなかった…

今も昔も夢のあるサクセスストーリーに人は惹かれるもの…
Nさんも私もそれぞれの幸運を祈りました

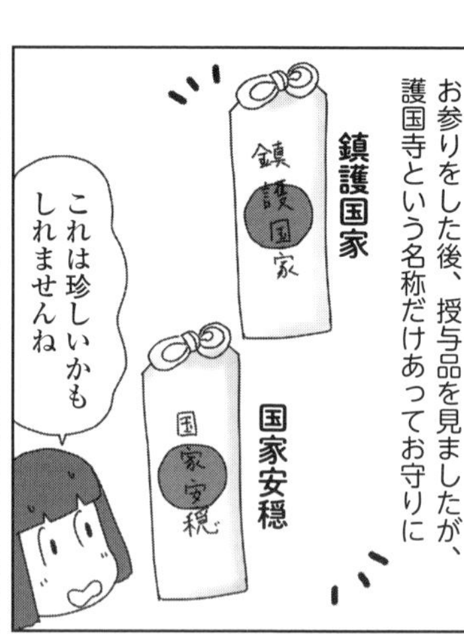
お参りをした後、授与品を見ましたが、護国寺という名称だけあってお守りに
鎮護国家
国家安穏
これは珍しいかもしれませんね

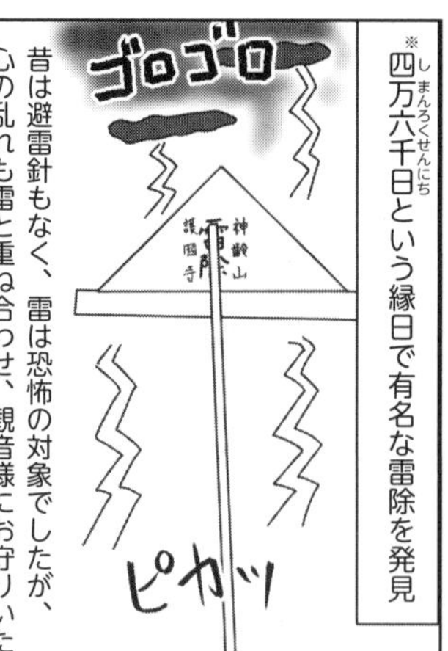
※四万六千日（しまんろくせんにち）という縁日で有名な雷除を発見
ゴロゴロ
ピカッ
昔は避雷針もなく、雷は恐怖の対象でしたが、心の乱れも雷と重ね合わせ、観音様にお守りいただけるお守りがこの雷除でもあります

そっか…
たしかに娘を叱る時は雷の存在を感じるかも…
ガミガミ
ほーい
というわけで雷除のお守りを！

その後、お寺を散策したのですが
この立派な家みたいな建物は…
国指定重要文化財の月光殿という建物です
滋賀県の三井寺にあった客殿を昭和3年に移築したそうです

月光殿の他にも様々な建物を有していて…
多宝塔
あれは滋賀県の石山寺を模したそうですよ
境内に見どころが多くて楽しいですね！

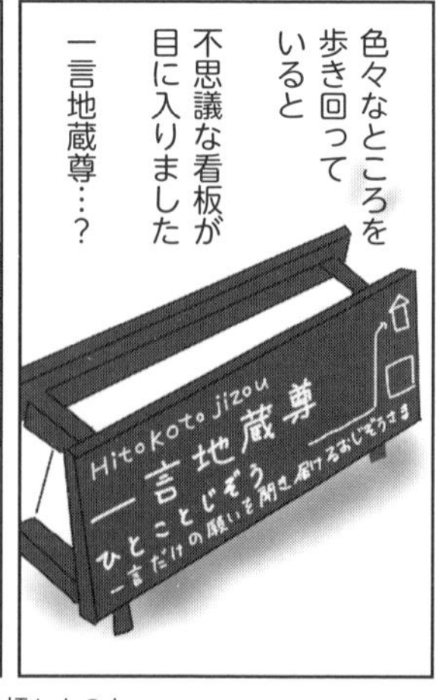
色々なところを歩き回っていると
不思議な看板が目に入りました
一言地蔵尊…？
Hitokoto jizou
一言地蔵尊
ひとことじぞう
一言だけの願いを聞き届けるおじぞうさま

行ってみると…扉の閉まった祠が
これは自分で開けてお参りしていいのだそうです

一言地蔵尊という名前通り、一言だけお願いを聞いてくれるということで
地蔵尊
地蔵尊
し、シンプル〜！

※四万六千日とは、7月9日と10日に行われる縁日で、四万六千日（＝約126年間）参拝したのと同じ功徳があるとされています。

30代40代女性にとって大切な願い事…
それは一言
健康
やっぱりそれですよね〜…
すごい圧だな…

帰り際に音羽富士と呼ばれている富士塚に登ってみました
今まで富士塚って全部神社にありましたよね
お寺にある富士塚は珍しいですね

標高7mの富士山、登山スタート!
おー

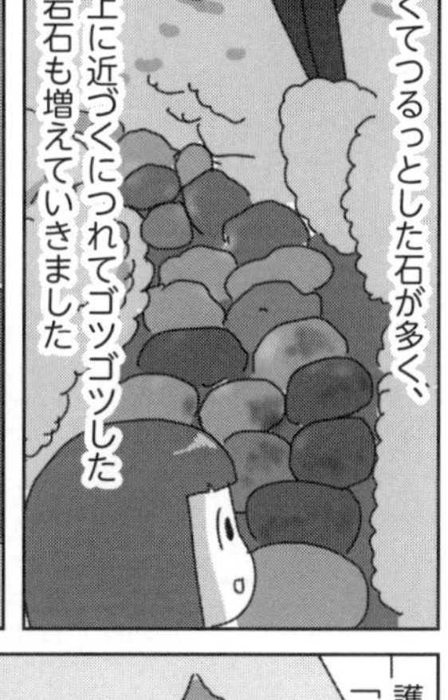
丸くてつるっとした石が多く、
頂上に近づくにつれてゴツゴツした溶岩石も増えていきました

頂上には石でできた小さな神社「浅間神社」がありました
小さい…

標高は低いですけど頂上に立つと不思議な達成感がありますよね
ふう…
昔の人たちの富士山への憧れってすごかったんでしょうね…

護国寺を後にして…お寺の前の和菓子屋さん「甲月堂」さんに立ち寄ります
甲月堂

さっき見てきた月光殿にちなんだお菓子があるんです
甲月堂の月光殿最中
護国寺境内にある重要文化財「月光殿」にちなんだ銘菓
最中の中身は粒あん、こしあん、白あんと3種
茶碗と茶筅が皮に描かれています

護国寺の中を
歩きすぎちゃったんで
早速最中を1つだけ
食べませんか？
そんな…答えが
YESしかない質問
しないでくださいよ…
いいにきまってますよ…
というわけで早速いただきます！
皮がサクッとしてて、
お米の味がしますね
粒あん、甘さは強く
なくて小豆の美味しさが
しっかり出てますね
美味しい和菓子で
エネルギーチャージ
したので、地下鉄に乗って
「湯島天満宮」に
向かいます！
文京区
護国寺
湯島

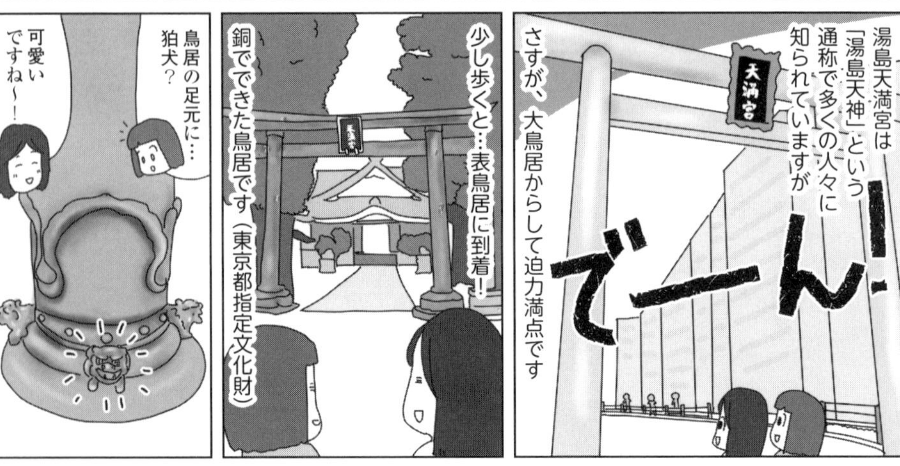
湯島天満宮は
「湯島天神」という
通称で多くの人々に
知られていますが
天満宮
で一ん！
さすが、大鳥居からして迫力満点です
少し歩くと…表鳥居に到着！
銅でできた鳥居です（東京都指定文化財）
鳥居の足元に…
狛犬？
可愛い
ですね～！

本殿に向かう途中に「撫で牛」発見
※菅原道真公が亡くなられた時にご遺骸を運ぶ牛車の
牛が動かなくなり、その場所を墓所にしたことから
牛は天神様のお遣いの動物とされているそうで…
中野の新井天神
にもありましたね
悪いところを撫でると
病気が治るとか、
頭を撫でると頭が良くなると
いわれていますよね

松陰先生もそうでしたけど、
神にまでなる道真公って
人間離れした優秀さ
だったんでしょうかね
吉田松陰
菅原道真
今では学問の神として
多くの受験生に
頼られる存在ですけど…

※菅原道真公は、丑年のお生まれでもあります。

優秀で宮中で出世を重ねる道真公は妬まれ…
無実の罪で九州の大宰府に流されて…
東風（こち）吹かば　匂いおこせよ　梅の花
主なしとて　春を忘るな
春になって東風が吹いたら、香りだけでも
私のところに届けておくれ
主人がいなくても春を忘れないように
大宰府で失意の中で亡くなりました

ドカーン
ピカッ
ゴロ
ゴロ
その後、道真公を陥れた藤原時平が
若くして病死したり…
宮中で天皇が過ごす
清涼殿に雷が直撃し、
多くの死傷者が出たこと
などが道真の怨霊が
原因とされ、神として
祀られるように
なったのでした

そして天神様は雷神でもあるわけで…
昔の人々にとって
雷は神同様に畏怖する
存在だったんでしょうね
さっき護国寺で
雷除のお守り、
いただいて良かった

本殿
立派な建物ですね…
湯島天神のご利益は学業成就・合格祈願・
勝負運向上などがありますが

取り急ぎ、現状の
娘の勉強に関して、
お見守りください…！
自主的に
宿題をやってほしい
ハハハッ
私は企画が通るように
勝負運を高めたいです…

そしてお楽しみの授与品チェック
さすが湯島天神ですね
学業お守り以外にも就職祈願や
資格試験合格祈願お守り…
学業守
湯島天神
就業御守
資格勝得守
湯島天満宮
学業鉛筆に入試突破鉢巻き…
入試突破
湯島天神
とりあえず娘に鉛筆を…

すごい、梅干しも売っているんですね…
福梅
大 一〇〇〇円
道真公といえば「梅」のイメージもありますもんね
境内の梅園には梅の木が約300本も！
2月〜3月になると見頃を迎え、湯島天神でも梅まつりが開かれます
湯島天神の神紋も梅鉢紋ですよね
今は梅の時期ではないですけど、緑が多くて気持ちのいい空間ですね…

境内の中には気になるものも…
これは一体何？
奇縁氷人石（きえんひょうじんせき）
右側には「たつぬるかた」左側に「をしふるかた」と書かれています
奇縁氷人石

迷子が出た時に右側に子の名前を書いた紙を、

奇縁氷人石

迷子がいた時はその特徴を書いた紙を左側に貼るそうです

境内が人で賑わっていたからこそこういうものができたのですね
奇縁氷人石は江戸時代には人手が多い場所に設置されて、伝言板の役割を果たしていました
奇縁氷人石

そこから、縁結びの願掛け石として今に伝わっているらしいですね…
Nさん、即お祈り！縁結びに敏感です
奇縁氷人石
早っ

お腹がすきましたね！

近くでお食事していきましょうか

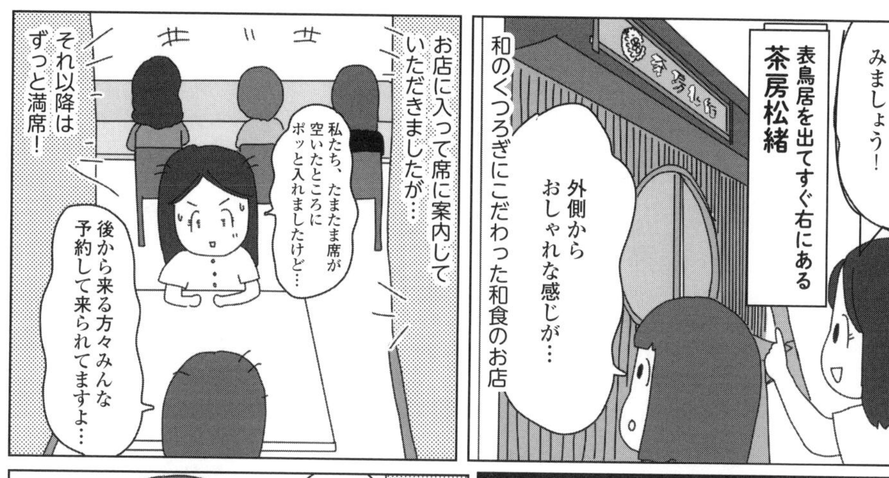
あのお店行ってみましょう!
表鳥居を出てすぐ右にある
茶房松緒
和のくつろぎにこだわった和食のお店
外側からおしゃれな感じが…
お店に入って席に案内していただきましたが…
私たち、たまたま席が空いたところにポッと入れましたけど…
後から来る方々みんな予約して来られてますよ…
それ以降はずっと満席!

私たちは「紅白海鮮ちらし膳」をオーダー
まず6種類のおばんざいが到着
茶わんむし
ひじき
焼魚
きゅうりとわかめ
漬物
玉子焼
ほうれん草

1つ1つやさしーいお味…
ちょっとずつ6種類も食べられるから満足度高い!

続けて旬の新鮮な白身魚とマグロ・いくらの豪華なちらし寿司が到着
ぱーっ

語彙が減ってしまう美味しさ
おいしっ!
お刺身、いっぱい!
パク
パク
モグ
モグ
モグ
パク
モグ

帰りにわらび餅をお土産に買ったのですが
わらび餅はご注文いただいてからお作りしますので少しお待ちいただけますか？
出来立てのわらび餅??
出来立てって、何か違いがあるのかな…

家で食べるの楽しみですね
急ぎましょ!!
電車に乗って足立区の西新井大師に移動します
いっもギリギリ…
文京区を後にして…西新井大師のある「大師前駅」に向かいます！

西新井駅から大師前駅に行くだけの「大師線」という路線がありますが
これは西新井大師への参詣客の輸送を目的に作られた路線だそうですよ
西新井大師ってそれだけ多くの参詣客が集まるんですね…
西新井
1駅
大師前

大師前駅で下車
駅も無人で、自動改札機、切符売場などないので、そのまま入って電車に乗ることができます
駅を出て少し歩くと…
えっ

山門
わー！
これは立派ですね…！
山門には金剛力士像がありますね

あ
阿形
うん
吽形
金剛力士は2体一緒の場合に「仁王」と呼びます…
護国寺にも仁王門がありましたよね
護国寺とこちらの西新井大師は同じ真言宗豊山派なので繋がりのあるお寺だそうですよ

阿吽像の間を通り…すぐ右側に
雪山？
塩地蔵？？
特にイボ取りに効果あり…？
このお堂の中の塩をいただいて効果があれば貰った塩を倍にしてお返しするそうです
メモ
倍返し…するんですね…！
ちがいます…
雪山のように積まれたお塩はお礼の気持ちが込められたもので、それを困っている方に分けて…と連鎖していく感じがいいですね
もらいます
イボがあるんもっていきなさい
治ったら倍にしてね
ありがとうございます
倍です

まずは大本堂に参拝させていただきましたが…
うわー。すごく大きいですね！
敷地も広くて護国寺以上に空が広い感じに見えます
本堂には御本尊の十一面観音と弘法大師をお祀りしています
ちょうど護摩祈願が行われるタイミングだったので、少しのぞかせていただき…
ドンドン
ドンドン
お護摩は御本尊の前に護摩壇を置いて火で燃やしながらのご祈祷です

そもそも西新井大師とは…弘法大師様が関東を回っていた時のこと
この地にやってきたところ、村人たちが悪疫に悩んでいたので
これは大変…
それを救うために自ら十一面観音像とご自身の像を彫り…
枯れた井戸に安置して21日間の護摩祈願を行ったところ…
シャッ
シャッ
清らかな水が湧き、村人たちの病は平癒
わあっ!!
その井戸がお堂の西側にあったので「西新井」の名称が地名となったと伝えられています
西新井
と、いうわけです
めでたしめでたし…
西新井ものがたり

ご利益は様々で、特に厄除けで有名だそうでそれぞれのちょっと嫌なことを祈りました
おみくじで凶が続いていますので、凶との縁を切ってください…
ギリのタイミングでグッズが買えないとかプチ不運が減りますように…

おみくじを引いたのですが…
凶アゲイン！
待人　来らず
危々保禍殃
願望　叶い難し

く、くぼさん！きっと、くぼさんには仏様も伝えやすいんですよ！
いや…私のことを叱ってくださっていると思ってます…
……

だからメッセージをしっかり受け取って、今後に生かして…
大丈夫！！
もはや定番?!再び引きました…
ぐすん
ぐすん

もはや、仏様はくぼさんの反応を楽しんでるような気もしますよ
だ、大吉!!

西新井大師の境内はお堂や祠など見どころがいっぱいですが、その中で印象的だったのはこれ！
四国八十八箇所霊場同行二人お砂踏み巡礼所
弘法大師の御利益と観音慈悲の功徳を一度に与えてくださる場所

南無大師遍照金剛と唱えながら左向きにまわる
こちらの石板の下に高野山の砂が撒かれているそうですよ！
南無大師遍照金剛…
南無大師遍照金剛
2人ともお唱えしながら回らせていただき…

最後に授与所へ
私…凶運発で…このミサンガみたいなのをいただきます…
心の願いが叶う
五色紐輪守

山門から出て目の前にあるお団子屋さんが…
よかったら試食してくださいね～
お団子まるまる1つ！

「清水屋」さんの「草だんご」
うーん、よもぎの香りがしっかりと！
清水屋
屋の草だ
ふおっ
あんこの甘さが歩きまわった体に沁みますね
お団子を一箱ずつ購入して…

他にも買いたいですが…我々あるあるで閉門ギリギリまでお寺の中を回っているからお店が閉店しているパターン…そのため本日は西新井駅まで出て解散！
また次回〜！

さて、お楽しみのお福分けまずはわらび餅から…
手作りって、何が違うの？
パッケージがおしゃれ！
とりあえず食べてみよう

これ…
何？
え、わらび餅だよ…
何事？

ふわふわで、口溶けが良くて…
どうしよう…信じられないくらい美味しくて僕のわらび餅の記憶と繋がらないんだけど…
わらび餅一本！

清水屋の草だんご
お団子とあんこが別々になっているのであんこの調整ができる！
嬉しい〜！

そもそもよもぎを餅に入れようと思った人と、それにあんこをつけてみようと思った人、表彰したいよ
最高の組み合わせよね
あんこトーク

そんな中パルリは…
あんこにあんこを重ねる〜
大人が語っている隙にあんこをガンガン使って雪だるまを作って怒られたのでした…

＼まだまだ歩けそう／
総歩数
18881歩！

〈文京区・足立区まとめ〉

大きな社寺3連続で旅行気分も最高潮！「出来立てわらび餅」の衝撃の食感は、くぼ家全員が昇天するほど

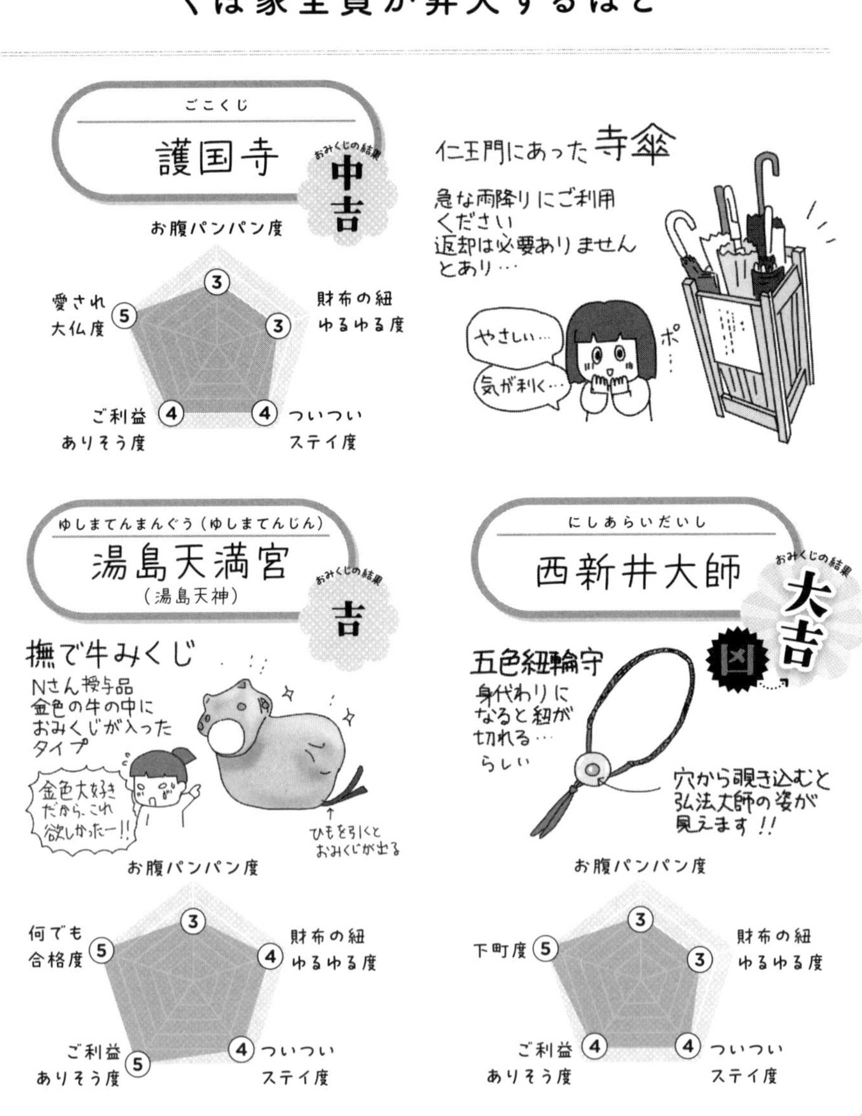

ごこくじ
護国寺
おみくじの結果
中吉
お腹パンパン度 3
財布の紐ゆるゆる度 3
ついついステイ度 4
ご利益ありそう度 4
愛され大仏度 5
仁王門にあった寺傘
急な雨降りにご利用ください
返却は必要ありませんとあり…
やさしい…
気が利く…
ポ…
ゆしまてんまんぐう（ゆしまてんじん）
湯島天満宮
（湯島天神）
おみくじの結果
吉
撫で牛みくじ
Nさん授与品
金色の牛の中におみくじが入ったタイプ
金色大好きだから、これ欲しかったー!!
ひもを引くとおみくじが出る
お腹パンパン度 3
財布の紐ゆるゆる度 4
ついついステイ度 4
ご利益ありそう度 5
何でも合格度 5
にしあらいだいし
西新井大師
おみくじの結果
大吉
凶
五色紐輪守
身代わりになると紐が切れる…らしい
穴から覗き込むと弘法大師の姿が見えます!!
お腹パンパン度 3
財布の紐ゆるゆる度 3
ついついステイ度 4
ご利益ありそう度 4
下町度 5

no.11

千代田区 荒川区

石浜神社
靖國神社
神田明神

最後は盛りだくさん！食べまくりの回ですよ～
最終回
朝食、昼食、軽食、全部もりもりです
歩きますよ～、そして、食べますよ!!

今朝はＪＲ御茶ノ水駅集合！
歩いて「神田明神」まで向かいます

ドーーン
大きな通り沿いに突如現れた青銅製の鳥居！
わー！大きい
神田神社
神田神社？
神田明神の正式名称は神田神社です

鳥居をくぐってまっすぐ進むと随神門に到着
この門が神田明神の象徴のような感じがします！写真で見るよりあざやか！
江戸総鎮守…って書いてありますね

わーー!!
江戸時代には幕府をはじめ江戸庶民に至るまで篤い崇敬を受けていたそうです
随神門をくぐって中に入ると

わー、すごく都会的な感じが！広々としていますね
全体的におしゃれなイメージが…

まずは社殿にご挨拶をしたいですね
誰に何をお祈りすればいいのかしら

神田明神にお祀りされているのは三柱
①大己貴命（だいこく様）
国土経営の神様として崇敬されている
たくさんの妻がいたため夫婦和合・縁結びの神様としても知られている
縁結び！
②少彦名命（えびす様）
商売繁昌の神様として有名
えびすもいますよ！
③平将門命（まさかど様）除災厄除の神様
もともと神田明神があった地域に、将門の首を埋めたと伝えられる首塚があったが、
無念じ…
将門
この塚を管理せずにいたところ…地域一帯で天変地異が起こり、疫病が流行！
将門様の祟りだ！
塚の整備と供養が執り行われ、現在の神田明神に奉祀されたということ

私は…東京在住の人間としてまさかど様に感謝を伝えたいと思います
私はだいこく様に縁結びをお願いします
キリッ
Nさん、清々しい…

神社内にたくさんある摂末社の参拝も済ませて…
御水
豊洲の水神社はここの末社に当たるわけですね！

神田明神にはご神馬の「あかりちゃん」という馬も飼われているのですが、ちょうど夏休みで千葉の牧場にバカンスに出かけていて会えませんでした…
あかりちゃんをデザインしたお守りもあります！

EDOCCO
次に神田明神文化交流館「EDOCCO」へ
とってもきれいな建物ですね…

神田明神文化交流館「EDOCCO」物販SHOP「IKI-IKI」
おしゃれなセレクトショップみたいな雰囲気が！楽しい〜！
お守りなどの授与品のコーナーもあるけど、神田明神グッズやコラボ商品など商品の幅が広い！
スマホアプリを使うと参拝するたびにマイルじゃなくて「マイリ」が貯まるんだ〜
①EDOCCO倶楽部というアプリをダウンロードする
②神社内に設置されている端末にアプリで表示されるQRコードを読みこませる
マイリが貯まると色々な景品に交換できる、新しいものを上手に取り入れているスマートな神社という印象！

買い物したくなりますけど、先に美味しいものを食べましょ！
café MASUMASU
あぶない…

江戸っ子カフェ　マスマス
日本古来から量る道具として使われている升を店名にして「升とマスマス商売繁盛・マスマス縁結び」を願ったお店
ここで食べたいものがあるんです！
気合十分!!
またもや縁結び…！

升パフェ
カリッと香ばしい米で作られた「ぶぶあられ」抹茶アイス・白玉・ゆずソース・甘納豆オリジナルの抹茶マスカルポーネをふんだんに織り込んでいる
わ！　本当に升に入ってる！
めちゃくちゃ可愛いですね！
早速食べてみます！
ふおおお…しつこくない濃厚さが…
抹茶マスカルポーネがとろ〜り…

スプーンを挿す場所によって
柚子ソースだ！
白玉が出てきた〜
甘納豆！
と宝探しのような楽しさ！

色んな味わいや食感が楽しめて飽きませんね…
お！あられが口の中に現れました！
しかも縁起が良さそう！
マスマス!!

大満足でカフェを後にしたところ…こんなものが売られていました
神社声援
心願成就のお祓いを済ませたジンジャーエール！
神社声援
神田明神
面白い！
神社声援ジンジャーエールって！ネーミングの勝利ですね！
もちろんお土産に購入…

神田明神が手掛けている様々なグッズにびっくり！
食品・お菓子にとどまらず…あらゆるものが売られていて目が回る！
パワーストーンも売ってて…
…これも買っちゃいました！
パイライトという石

主神のえびす様と…
えびす様御尊像
思っていた像のイメージと違う斬新さ
えびす様
ちっちゃい…

だいこく様にもご挨拶を済ませ…
だいこく様尊像
こちらはイメージ通りですね
運招

長居の末、神田明神を後にしたのですが…
あ！

神社の表参道入り口に気になる看板が
天野屋　明神甘酒
天野屋
甘酒？
このお店の地下6メートルの天然の土室で作られる米麹を元に製造しているとかで
明神甘酒
早速1杯ずつ購入してその場でいただきました
ふわーっ…
うわー、美味しい！
柔らかい甘さ！体に沁み込む感じがしますね！
神田明神で長時間楽しんでしまい、少し疲れた体にぐいぐい沁み込む感覚が…！

元気が満ちた私たち！
JR 総武線
御茶ノ水
市ヶ谷
ピチ
ピチ
次の目的地に向かって移動開始です！
御茶ノ水駅から総武線に乗って市ヶ谷駅まで移動します…
駅から少し歩くと
ゴゴ
うおっ
ぬうううううっと雰囲気が変わり…

ドドーン
靖國神社　大鳥居
現在の第一鳥居は戦友・崇敬者の奉納により昭和49年（1974）に再建されたもので、高さは25メートルあります。
25メートル！
プールと同じ！

いくつもの鳥居や門を抜け、拝殿に到着
靖國神社は過去の戦争で国を守るために命を落とした方々が祀られている場所です…

ここに来たら、自分のことよりは平和を祈りたくなりますよね…
ミーのもなかがないー!!
わー
わー
ゴメーン…
まずは家庭のしょうもない争いをやめ、平和な時間を増やしていきます…

参拝を済ませて…靖國神社にこんなものが
東京管区気象台が指定した東京の桜の標本木があるんです
これが…!
桜は靖國神社のシンボルといわれますもんね…
東京の春を告げる木がここにいました

神田明神で長時間くつろいでしまったためお昼ご飯の時間が過ぎ去っていました…
食堂があるんでランチにしましょう!
参道の途中にあるモダンな建物に向かいます!

靖國八千代食堂
一番人気は、玉子丼だそうです
特攻の母 鳥濱トメの 玉子丼
特攻の母…鳥濱トメさん?
鹿児島県知覧にあった旧知覧特攻基地の軍指定食堂でもあった富屋食堂で鳥濱トメさんが特攻隊員たちに振る舞っていた玉子丼を当時の味のまま再現したものだそうです
メモ

玉子丼だけじゃ足りなさそうだからガツンといきましょうか!
玉子丼と会津そばのセットを注文…

特攻の母　鳥濱トメの
玉子丼　会津そばセット

当時の味のままの
割下を使用した半熟の卵…

卵が柔らか、
とろっとろ!!
あつっ
はふはふ
汁だく？　っていうんですかね？
甘みもあってご飯と
よく合います〜！

会津そばも
美味しい〜！
さっぱりしてて
ガンガン
食べられますね

怖いぐらいのスピードで
平らげました…！
ゲフッ
お、お買い物で
腹ごなししましょう！

SAKURA 外苑直営ショップ
靖國八千代食堂の
お隣にこんな
おしゃれなお店が！
たのしー
外苑直営ショップSAKURAはその名の通り
靖國神社を象徴する花「桜」をテーマにした
品物が揃っています！

私はこれを買っていきます！
靖國神社さくらと抹茶のクッキー
老舗洋菓子メーカー「コロンバン」製
ほのかに桜の香りがする、花びらのクッキーと抹茶味のクッキーを詰め合わせた限定商品
靖國桜もなか
銀座老舗和菓子店「空也」監修の靖國神社オリジナル最中

靖國神社オリジナルのお菓子、お香、文房具…
さくら千口リアン
花色鉛筆
たくさんある…
どれもけっこうカワイイ…
お香
しおり

桜をモチーフにしたお菓子って可愛い！
パッケージにも靖國神社のマークが入ってるしお土産に喜ばれますね

靖國神社を後にして…

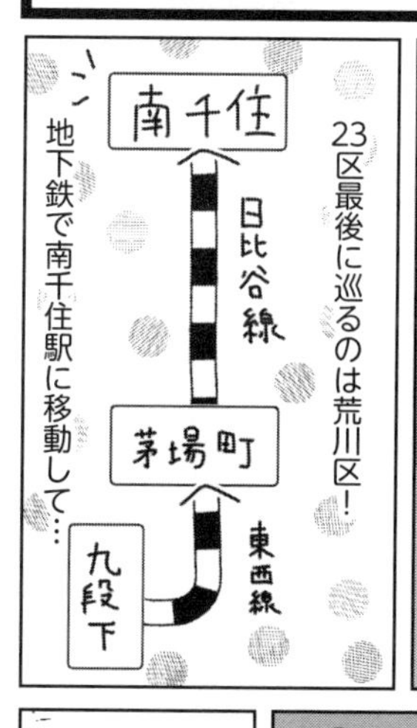
23区最後に巡るのは荒川区！
地下鉄で南千住駅に移動して…
南千住
日比谷線
茅場町
東西線
九段下

「石浜神社」に向かいます！
南千住駅からは徒歩10分とあるけど…

20分くらい歩く感覚…
スカイツリーを見ながらゆっくりと行きましょ…

しばらく進むと…
あ！

やったー!!
着いた〜!

第一鳥居から第二鳥居を抜け…

拝殿
そんなに広い神社ではないはずなんですけど
スッキリしてて実際より広く見える感覚…
華明彩

なんと聖武天皇の時代からこの神社があるらしいですよ
そーだよー
東大寺大仏
奈良時代?!
ひぃぃ

主神は天照大御神と豊受大御神…
天照大御神のお食事を司っていたのが豊受大御神
おまたせいたしました♪
わーい♡
へー
食事係が神に…
世の中の安寧を守る天照大御神と、その安寧を人々に与えるための食物を生み出して守る豊受大御神が一緒にお祀りされているので…
ぐ〜

毎日の暮らしをお守りくださるって感じなんでしょうか…
やっぱり、日々の暮らしが安定してこそ人生の幸福がありますよね…

富士遥拝所(ようはいじょ)もありますね！
ここのは登ることはできないですけど…
品川神社とか
護国寺とか…
この本の取材でもいくつか富士塚登りましたね…
日本人の富士山好きって想像を超えますね…

最後におみくじも引かせてもらいましょうよ
おみくじ
今まで厳しいお言葉もいただきました…
凶とか凶とか凶…
どうか、最後のメッセージをお願いします！
ちゃっ
ちゃっ
おみくじ

小吉
小下りの道に
車を進むるが如く
楽々と事の運ぶ運勢なり
心を誠にし
身を慎みて勉強すれば
草木の天の恵みの雨露を得て
栄ゆる如く
次第に幸せ加はり
嬉しきことできる
えー…すごくいいお言葉…
身を慎みて、を忘れないでくださいね！
心の誠も忘れずにね…！
天照大御神様、メッセージありがたくいただきます！

とうとう最後の取材が終わりましたね…
最後の最後にちょっと寄りたいところが

石濱茶寮 楽
石浜神社の御鎮座1300年を記念して2020年にオープンした茶屋
新しくてきれい！

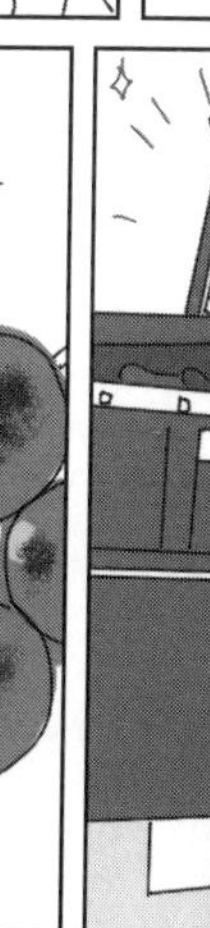
炭火焼き団子が一番人気らしいのですが

お団子は
売り切れなんです…
ガーン
ええっ?!
というわけで、二番人気をオーダー

クリームあんみつ

めっちゃ、美味しい…
ソフトクリームは濃厚な味わいが
人気のクレミアを使用しているので
贅沢な後味…

ソフトクリームの
美味しさと…
あんこの甘さと…
違うタイプの甘さが
合わさって体に沁み込む
美味しさ～

セットで
オーダーした
バッハコーヒー…

開業して半世紀を超える名店カフェ・バッハの
コーヒー豆を、石浜神社のご神水を使って
淹れているので
ありがたみ倍増～
Nさんは
アイスコーヒー
色々な神社を巡り…
美味しい食べ物も思い出しながら、
話に花を咲かせ…参道めしの日々は終了
最後のお福分けを家で行ったわけですが
神田明神で買った
「みょうじん漬け」に、
「神社声援」でしょ
靖國神社で買った
クッキーと最中だよ～
わーい!

まず神社声援で乾杯！
結構、大人の味
生姜がたっぷり入って辛味がダイレクトにくるね！目が覚めそう！
みょうじん漬け
神田明神のショップで購入…きゅうりと、みょうがが、生姜を梅酢で漬けた逸品
みょうが＋ジンジャーでみょうじん？だったりして…
食欲を増進させて元気にするっていうご利益かも…？
食後のおやつも福がいっぱい！
靖國桜もなか
その場で最中の皮にあんこを乗せて食べるタイプだから…
最中がパリッとして美味しい！
パリッ
パリッ
さくらクッキー
さすがコロンバンだ、安定の味だね
抹茶、クッキー
抹茶クッキーもサクサクして美味しいなあ…
さくらクッキー
今まで色んなところを回ったけどこれで終わりか〜
グサッ
終
グサッ
終
え…どうしたの？
ぴゅううう…
終わり…？
もう福はうちに来ないの？
え…？
たのしかった…
私以上に寂しがっている人が2名おりました…

＼歩くのって楽しい！／
総歩数
19054歩！

〈千代田区・荒川区まとめ〉

有名神社巡りで参道めしの締めくくり。
進化する社寺のスタイルに驚き、
神仏にご利益をいただき、
名残惜しいけれどこれにておしまい

かんだみょうじん
神田明神
おみくじの結果
中吉
お腹パンパン度 5
財布の紐ゆるゆる度 5
ついついステイ度 5
ご利益ありそう度 4
アニメキャラ度 5
えびす様とだいこく様のミニ福置
テレビの前に飾ってます
えびすです
だいこくです！
いしはまじんじゃ
石浜神社
おみくじの結果
小吉
石浜茶寮「楽」の
バッハコーヒー
石浜神社の御神水で淹れたコーヒーとても美味しかった！
コクがあっておいしい
お腹パンパン度 4
財布の紐ゆるゆる度 2
ついついステイ度 3
ご利益ありそう度 3
ジモティー度 5
やすくにじんじゃ
靖國神社
おみくじの結果
吉
ふわっふわ～
靖國の桜染タオルハンカチ
靖國の桜から抽出した染液で今治産の上質なタオルを染めています
お腹パンパン度 5
財布の紐ゆるゆる度 5
ついついステイ度 5
ご利益ありそう度 4
いい緊張度 5

神様の読み方

ここでは、難しい神様の読み方をご紹介します

- 天照大神 ＝ あまてらすおおかみ　P38、P72、P103、P162
- 天比理乃咩命 ＝ あめのひりのめのみこと　P51
- 伊邪那岐尊 ＝ いざなぎのみこと　P72、P85、P136
- 伊邪那美命 ＝ いざなみのみこと　P72、P85、P122、P136

伊邪那美命

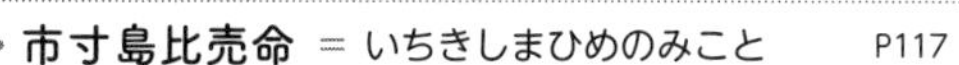

- 市寸島比売命 ＝ いちきしまひめのみこと　P117

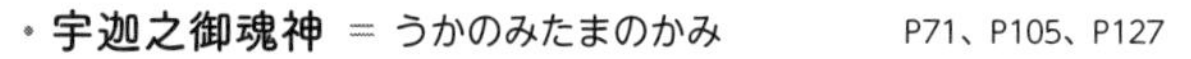

- 宇迦之御魂神 ＝ うかのみたまのかみ　P71、P105、P127

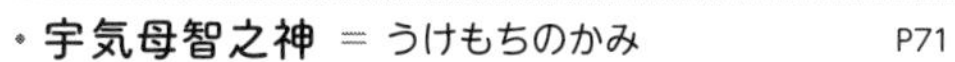

- 宇気母智之神 ＝ うけもちのかみ　P71

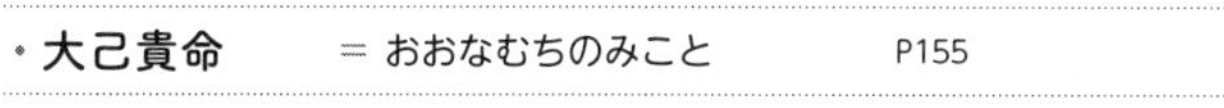

- 大己貴命 ＝ おおなむちのみこと　P155
- 事解之男命 ＝ ことさかのおのみこと　P72、P122

伊邪那岐尊

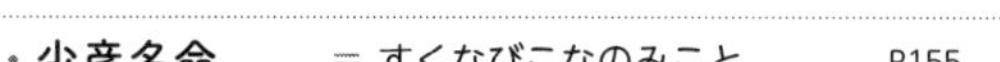

- 少彦名命 ＝ すくなびこなのみこと　P155

- 須佐之男命 ＝ すさのおのみこと　P96、P115

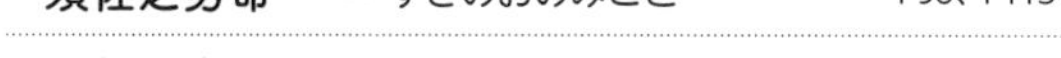

- 平将門命 ＝ たいらのまさかどのみこと　P155
- 豊受大神 ＝ とようけおおかみ　P38、P162
- 豊受姫命 ＝ とようけひめのみこと　P127
- 速玉之男命 ＝ はやたまのおおみこと　P72、P122
- 火之迦具土神 ＝ ひのかぐつちのかみ　P36、P85
- 經津主命 ＝ ふつぬしのみこと　P85
- 火産霊命 ＝ ほむすびのみこと　P136
- 弥都波能亮命 ＝ みつはめのみこと　P36、P71
- 八意思兼命 ＝ やごころおもいかねのみこと　P103
- 和久産巣日神 ＝ わくむすびのかみ　P71

宇迦之御魂神

天照大神

事解之男命

速玉之男命

※各神社の公式サイトやパンフレットなどを参考にしましたが、同じ神様でも名前の表記や読みは異なる場合があります。

監修者より

参道めしのすすめ

佛教大学歴史学部教授　八木 透

読者の皆さんは、どんな時に心の安らぎを感じますか？　親しいお友達と楽しいお話をしている時？　自然の中で美しい景色を眺めている時？　あるいは美味しいものを食べている時？　そんな幸せを、一度に体感する方法があります。それが「参道めし」です。

日本には80000以上の神社が、また75000以上の寺院があるといわれています。それらの多くは、歴史ある地で深い森に包まれていたり、あるいはすばらしい眺望が臨めるような場所に立地していたりします。いわゆるパワースポットとして名高い社寺も少なくありません。神様や仏様に手を合わせることで、必ず心は穏やかになります。加えて、様々なご利益を得ることもできます。そして何よりも、著名な神社や寺院のそばには名物とされる美味があるのです。それは和食であったり洋食であったり、希少なスイーツであったりと千差万別でしょう。つまり参道めしは、たくさんの心の平安を一度に得ることができるのです。そんな贅沢な幸せが他にあるでしょうか。

神社には御祭神である神様が、寺院には御本尊である仏様がおられます。初めは何も知らなくていい。ただ無心に手を合わせるだけでかまいません。神社仏閣にお参りするのが、美味しいもの目当てであってもいいのです。私たちは幸せな気持ちに浸れれば、誰でも心が豊かになるものです。そんな気持ちで合掌することで、必ず神仏のご加護を受けることができます。きっとあなたの願いを叶えてもらえるでしょう。大切なことは、もしあなたが家や職場で、どこか満たされない心を持て余しているのであれば、まず社寺参詣に出かけてみましょう、ということです。神社仏閣は、人々の満ち足りない心の隙間を埋めるためにあるのです。そして心をさらに満たすには、お腹も満足させてやらなければなりません。そのために、参道めしがあるのです。

本書は、神社仏閣の由緒や歴史など何も知らない。でも、気がおけない大切な人と楽しみながら食欲を満たし、さらに神仏に手を合わせて願いを叶えてもらいたい。そんな贅沢な望みを持った人たちのために編まれました。読者の皆さんが、本書を手に取られたことをきっかけに、参道めしの楽しさに目覚め、社寺参詣という日本古来の豊かな心性を追体験してもらえるなら、本書を監修した者として、こんなに嬉しいことはありません。

おわりに

くぼとNさんの参道めし振り返り
いや〜〜
23区…回り切りましたね？
計11回で38の社寺を回ってますね
そして、総歩数が※186920歩！
じゅ、18万超え！
しかもアップダウンが多かったから見た目の歩数以上にカロリー消費してますよね
よくやった…
のぼってものぼっても
頂上につかない…
キツかった〜
社寺ってちょっと高いところにあることが多いですしね
しかもめちゃ買い物してるからウエイトも加わって運動負荷が高まってたかも…
ウェイトトレーニング×参道めし
ハッ
フッ
たしかにかなり買いましたね…
私も結構…
歩数に比例してお腹もすくから、食べ物を起点にしたのは企画の勝利だったと思いませんか？
自我自賛
ハハハ…
ほぼ言い訳に近いですけどね…

※総歩数は、別日に巡った板橋区（P121 〜 123）以外の日の歩数を合計したものです。

それにしても、このお散歩…私は毎回驚きがいっぱいでしたよ
私もです…
まず、神様のこと全然知らなかった！
ごめんなさい…
それそれ！
祈ってる対象が何かも知らずに、勝手にお金投げ入れて
お願い！
優しい彼氏を下さい!!
やせたいです!!
っていわれても
はあ？
オレに言ってるの？
スサノオ
優しさとかけはなれたところもあるけど…
ってなる神様や仏様もいらっしゃるかもしれませんし
アハハ…案外そうかも…
そもそも神様と仏様の区分けに対して意識が向いていなかったかも…
日本古来の神々と…
インド↓中国から伝わった仏教…
神社かお寺のどっちかに行って祈ればいいっていう感覚でしたよ…
すみませーん
日本の神様や仏様のこと、改めて知りましたよね…
無理に気負わなくてもいいんですけどね？

神様の産まれ方とか…
この本でもびっくりするような
エピソードいっぱい
出てきましたけど…
イザナギ・イザナミから
始まる色々な日本の神様って
すごかったですよね…
そうそう…
調べれば調べるほど、ハマったんです…
ええっ?!
岩から生まれた
子って…?
どういう
センス?

よく見たらうちに「蘇民将来」の
お札もあったんですよ
蘇民将来之子孫也
疫病退散
家内安全
あー!
須佐之男命の
話ですよね!(P97)
本当に何も考えずに家に飾ってましたよ
しかも
ピアノの
上に…
えー!
須佐之男命の性格からして
雑に扱うと拗ねそうですよね

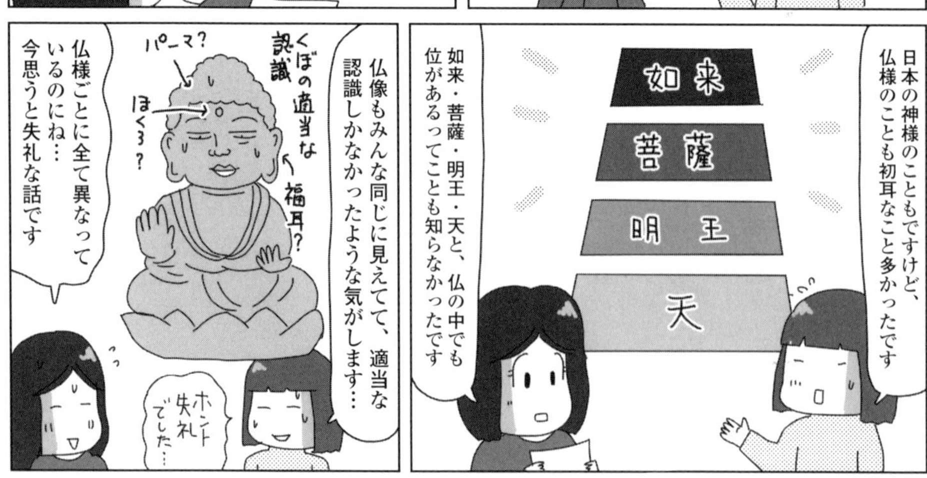
日本の神様のこともですけど、
仏様のことも初耳なこと多かったです
如来
菩薩
明王
天
如来・菩薩・明王・天と、仏の中でも
位があるってことも知らなかったです
仏像もみんな同じに見えてて、適当な
認識しかなかったような気がします…
くぼの適当な
認識
パーマ?
ほくろ?
福耳?
仏様ごとに全て異なって
いるのにね…
今思うと失礼な話です
ホント
失礼
でした…

授与所を見るのも
楽しみでしたね…
特にくぼさんは
いただき過ぎて
描ききれませんでした
けどね…その中でも
家にどっさりあります…
池上本門寺で「おみくじ帳」を
いただいたんですよ
おみくじをはさんで
結果や感想をメモできる
既に1冊パンパンですよね

こうして振り返ると
おみくじを引いた
場所のこととか
思い出すんです
参拝の証として持つもの
としては「御朱印帳」の方が
メジャーですかね？

御朱印帳！
今回一度も
いただきませんでしたね！
おみくじに
すっかり夢中!!
食べ物をきっかけに参拝
しましたから…
次は参拝の証として御朱印を
いただきながら回るのも
楽しそうですね！

こうして社寺を回るまでは御朱印帳って
スタンプラリーみたいなもの？　って
思っちゃってましたけど…
神社やお寺でお祀りされている
神様や仏様とのご縁ができた証っていうか…

神様のことにもだいぶ詳しくなりましたし、
今度は御朱印をいただくお散歩を
してみましょうかね？
パァァァ…
それいいですね？
楽しそう！

「参道めし」のメインは
食べ物でしたけど、1つ1つ
全部覚えてますよね
わかります！
「美味しい」は正義ですよ…

食べ物とその時に巡った社寺の
思い出が完全にリンクしてますからね
18
築地本願寺の18種の朝食から、
全部覚えてますよ…

食べながらいっぱい話して、
楽しかったですもんね
もぐ
もぐ
美味しいもののパワーってすごいですよね

お土産を持って帰って家族でシェアして
毎回めちゃめちゃ喜ばれたし
わーい!!
お福分けっていってましたけど、
あれはいい言葉ですよね？

夫と娘がいつも楽しみにしてくれてて
食べ物だけじゃなくて社寺の話も
聞いてくれて盛り上がり…
ワイ
ワイワイ
ワイ
このお菓子は
お寺の近くの…

福と同時に揉め事も運んでましたけど…
ミーのもなかがない!!
ご、ごめん…
わーん!!

Nさん、印象に残った参道めしあります?
私は鬼子母神「ときわ木」で買った子育てもなか!
わかります…あんこが美味しいですよね!
この最中を思い出すと鬼子母神の凄まじいエピソードを思い出します

愛宕神社の厄除け氷も良かったです…階段がきつ過ぎて消耗した体に梅の酸味がじわーっと沁みましたよね
ひんやり…
クエン酸効果…
美味しかった～…

愛宕神社といえば祀られている「火産霊命」の出生エピソードも強烈でしたよね
よく言われる…
水神社の主神「弥都波能売命」
キャッ♡
イザナミが焼け死にそうになりながら垂れ流した排泄物から産まれた神たちとか強烈過ぎましたよね
グレードアップのために修行を続けていた話とかなんだか会社? みたいな感覚になったりしましたよね
いつかは如来に…
がんばるぞ～
如来
菩薩
明王
天
昇進…?
そーそー!!
と、神様仏様の知識が味覚の記憶と紐付いて深まり、話が尽きない2人なのでした

私は柴又の草だんごもまた食べたいです
亀家本舗さんの草だんご!!
柴又といえば「帝釈天」で有名ですけど、「天」という種類の仏様がいるっていうのも知らなかったし、そもそも仏様の中に階級があるのも知らなくて!

『参道めし』掲載リスト

※本書掲載順に記載しています。

中央区

築地本願寺(つきじほんがんじ)
東京都中央区築地3-15-1

カフェ tsumugi(かふぇ つむぎ)
東京都中央区築地3-15-1(築地本願寺敷地内)

世田谷区

松陰神社通り
松栄会商店街
振興組合

ニコラス精養堂(にこらすせいようどう)
東京都世田谷区若林3-19-4

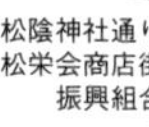
松陰神社通り
松栄会商店街
振興組合

肉の染谷(にくのそめや)
東京都世田谷区若林4-17-11

松陰神社(しょういんじんじゃ)
東京都世田谷区若林4-35-1

松﨑煎餅 松陰神社前店(まつざきせんべい しょういんじんじゃまえてん)
東京都世田谷区若林3-17-9

豪徳寺(ごうとくじ)
東京都世田谷区豪徳寺2-24-7

まほろ堂蒼月(まほろどうそうげつ)
東京都世田谷区宮坂1-38-19 ウィンザーパレス103

うつわのわ田(うつわのわだ)
東京都世田谷区豪徳寺1-49-2 トリアドムス102

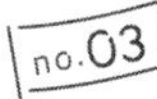

江東区・港区・台東区

豊洲市場
グルメ MAP

仲家(なかや)
東京都江東区豊洲6-6-1東京中央卸売市場6街区／
水産仲卸売場棟3階

水神社(すいじんじゃ)
東京都江東区豊洲6-5-1東京中央卸売市場 水産仲卸売場棟

アクアシティお台場神社(あくあしてぃおだいばじんじゃ)
東京都港区台場1-7-1アクアシティお台場7階

浅草九重(あさくさここのえ)
東京都台東区浅草2-3-1

木村家本店(きむらやほんてん)
東京都台東区浅草2-3-1

浅草寺(せんそうじ)
東京都台東区浅草2-3-1

舟和 浅草 仲見世３号店(ふなわ あさくさ なかみせ3ごうてん)
東京都台東区浅草1-20-1

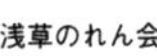
浅草のれん会

亀十(かめじゅう)
東京都台東区雷門2-18-11

品川区・目黒区・渋谷区

しながわ
観光協会

長徳寺(ちょうとくじ)
東京都品川区南品川2-8-16

しながわ
観光協会

遠州家(えんしゅうや)
東京都品川区南品川2-8-16

✧ 品川神社(しながわじんじゃ)
東京都品川区北品川3-7-15

✧ 目黒不動尊(瀧泉寺)(めぐろふどうそん(りゅうせんじ))
東京都目黒区下目黒3-20-26

らかん茶屋(らかんちゃや)
東京都目黒区下目黒3-20-11(五百羅漢寺敷地内)

✧ 五百羅漢寺(ごひゃくらかんじ)
東京都目黒区下目黒3-20-11

玉川屋 目黒駅前店(たまがわや めぐろえきまえてん)
東京都品川区上大崎2-16-5

CAFÉ 杜のテラス(かふぇ もりのてらす)
東京都渋谷区代々木神園町1-1(明治神宮敷地内)

✧ 明治神宮(めいじじんぐう)
東京都渋谷区代々木神園町1-1

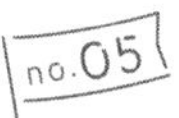

no.05 新宿区・豊島区・北区

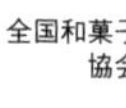

全国和菓子協会

とき わ木(ときわぎ)
東京都豊島区雑司が谷2-8-4

✧ 鬼子母神(きしもじん)
東京都豊島区雑司が谷3-15-20

✧ 穴八幡宮(あなはちまんぐう)
東京都新宿区西早稲田2-1-11

八幡鮨(やはたずし)
東京都新宿区西早稲田3-1-1

✧＝神社・お寺　＝お店

扇屋(おうぎや)
東京都北区岸町1-1-7 新扇屋ビル1階

石鍋商店(いしなべしょうてん)
東京都北区岸町1-5-10

東京都神社庁

王子稲荷神社(おうじいなりじんじゃ)
東京都北区岸町1-12-26

王子神社(おうじじんじゃ)
東京都北区王子本町1-1-12

巣鴨地蔵通り商店街

とげぬき地蔵尊(髙岩寺)(とげぬきじぞうそん(こうがんじ))
東京都豊島区巣鴨3-35-2

みずの
東京都豊島区巣鴨3-33-3

雷神堂 巣鴨本店(らいじんどう すがもほんてん)
東京都豊島区巣鴨3-21-15

明美製菓(あけみせいか)
東京都北区堀船3-30-12

no.06 墨田区・江戸川区・葛飾区

天台宗東京教区

長命寺(ちょうめいじ)
東京都墨田区向島5-4-4

長命寺桜もち(ちょうめいじさくらもち)
東京都墨田区向島5-1-14

弘福寺(こうふくじ)
東京都墨田区向島5-3-2

🏪 玄舟庵 新小岩店(げんせんあん しんこいわてん)
東京都江戸川区松島3-41-6

🏪 グリーンパレス(ぐりーんぱれす)
東京都江戸川区松島1-38-1

✧ 新小岩香取神社(しんこいわかとりじんじゃ)
東京都江戸川区中央4-5-23

✧ 柴又帝釈天(しばまたたいしゃくてん)
東京都葛飾区柴又7-10-3

🏪 亀家本舗(かめやほんぽ)
東京都葛飾区柴又7-7-9

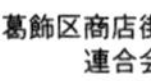
葛飾区商店街
連合会

🏪 代々㐂(よよき)
東京都葛飾区柴又7-7-7

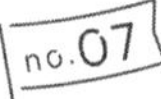
no.07

中野区・杉並区

✧ 沼袋氷川神社(ぬまぶくろひかわじんじゃ)
東京都中野区沼袋1-31-4

✧ 新井天神北野神社(あらいてんじんきたのじんじゃ)
東京都中野区新井4-14-3

✧ 新井薬師梅照院(あらいやくしばいしょういん)
東京都中野区新井5-3-5

新井薬師駅
商店会

🏪 亀屋(かめや)
東京都中野区新井5-25-5

✧ 高円寺氷川神社(気象神社)(こうえんじひかわじんじゃ(きしょうじんじゃ))
東京都杉並区高円寺南4-44-19

馬橋稲荷神社(まばしいなりじんじゃ)
東京都杉並区阿佐谷南2-4-4

大宮八幡宮(おおみやはちまんぐう)
東京都杉並区大宮2-3-1

清涼殿(せいりょうでん)
東京都杉並区大宮2-3-1（大宮八幡宮敷地内）

no.08

練馬区・板橋区

気楽な家(きらくないえ)
東京都練馬区石神井町8-42-4

石神井氷川神社(しゃくじいひかわじんじゃ)
東京都練馬区石神井台1-18-24

三宝寺池厳島神社(さんぽうじいけいつくしまじんじゃ)
東京都練馬区石神井台1-26

JA 東京あおば

JA東京あおばとれたて村石神井(じぇいえーとうきょうあおばとれたてむらしゃくじい)
東京都練馬区石神井町5-11-7

パティスリーカシュカシュ (ぱてぃすりーかしゅかしゅ)
東京都練馬区石神井町3-2-8

中野製菓(なかのせいか)
東京都板橋区中丸町28-14

熊野町熊野神社(くまのちょうくまのじんじゃ)
東京都板橋区熊野町11-2

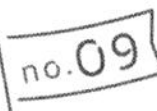

大田区・港区

穴守稲荷神社(あなもりいなりじんじゃ)
東京都大田区羽田5-2-7

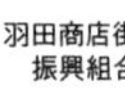

羽田商店街
振興組合

磯崎家(いそざきや)
東京都大田区羽田4-11-7

池上本門寺(いけがみほんもんじ)
東京都大田区池上1-1-1

お休み処(おやすみどころ)
東京都大田区池上1-1-1(池上本門寺敷地内)

花峰(はなみね)
東京都大田区池上1-1-1(池上本門寺敷地内)

いい友(いいとも)
東京都大田区池上4-18-1

愛宕神社(あたごじんじゃ)
東京都港区愛宕1-5-3

文京区・足立区

護国寺(ごこくじ)
東京都文京区大塚5-40-1

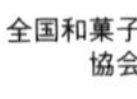

全国和菓子
協会

甲月堂(こうげつどう)
東京都文京区音羽2-10-1-1F

湯島天満宮(湯島天神)(ゆしまてんまんぐう(ゆしまてんじん))
東京都文京区湯島3-30-1

=神社・お寺　=お店

茶房松緒(さぼうまつお)
東京都文京区湯島2-33-11-1F

西新井大師(にしあらいだいし)
東京都足立区西新井1-15-1

清水屋(しみずや)
東京都足立区西新井1-9-11

no.11 千代田区・荒川区

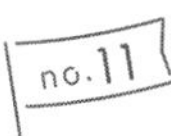

神田明神(かんだみょうじん)
東京都千代田区外神田2-16-2

江戸っ子カフェ マスマス(えどっこかふぇ ますます)
東京都千代田区外神田2-16-2(神田明神敷地内)

天野屋(あまのや)
東京都千代田区外神田2-18-15

靖國神社(やすくにじんじゃ)
東京都千代田区九段北3-1-1

靖國八千代食堂(やすくにやちよしょくどう)
東京都千代田区九段北2-1-4(靖國神社外苑休憩所内)

SAKURA ー外苑直営ショップー(さくら がいえんちょくえいしょっぷ)
東京都千代田区九段北2-1-4(靖國神社外苑休憩所内)

石浜神社(いしはまじんじゃ)
東京都荒川区南千住3-25-58

石濱茶寮 楽(いしはまさりょう らく)
東京都荒川区南千住3-25-58(石浜神社敷地内)

※今回、ご連絡の取れなかった場所もあります。ご関係者の方でお気付きの際は、ご一報をいただけますと幸いです。

漫画 **くぼこまき** Komaki Kubo

イラストレーター。
早稲田大学卒業後、(株)三越に勤務。その後ソニー(株)、ソニーマーケティング(株)に勤務後フリー。趣味は格安クルーズ旅行とビュッフェ巡り。日本全国でクルーズに関する講演も多数行っている。
著書に『クルーズはじめました!』『クルーズ、ハマりました!』(ともにJTBパブリッシング)、『まんぷくごほうびビュッフェ』(幻冬舎)、『理系夫のみるみる片付く!整理収納術』(オーバーラップ)がある。

監修 **八木 透** Toru Yagi

佛教大学歴史学部教授、世界鬼学会会長、日本民俗学会元理事、京都民俗学会会長、公益財団法人祇園祭綾傘鉾保存会理事、京都府および京都市文化財保護審議委員ほか、多数歴任。
1955年京都生まれ、同志社大学文学部卒業後、佛教大学大学院博士後期課程修了、文学博士。専門は民俗学。近著や監修書籍に『日本の民俗信仰を知るための30章』(淡交社)、『ほっとする神社とお寺図鑑』(リベラル社)、『「札所めぐり」のひみつ 歩き方・楽しみ方がわかる本』(メイツ出版)、『日本の鬼図鑑』(青幻舎)などがある。

ブックデザイン・DTP/吉光さおり(Kamigraph Design)
校正/東京出版サービスセンター
編集/野尾真実(WAVE出版)

東京23区 ご利益! 参道めし

2023年2月23日 第1版 第1刷発行

著者 くぼこまき

発行所 WAVE出版
〒102-0074 東京都千代田区九段南3-9-12
TEL 03-3261-3713 FAX 03-3261-3823
振替 00100-7-366376
E-mail: info@wave-publishers.co.jp
https://www.wave-publishers.co.jp

印刷・製本 シナノ・パブリッシングプレス

NDC291 183p 21cm ISBN978-4-86621-434-4